Cómo triunfar en YouTube

Cómo triunfar en YouTube

Daniel Feixas, Ernest Codina y Roger Carandell

laGalera

Primera edición: febrero de 2014

Diseño de cubierta: Book & Look
Diseño de interior y maquetación: Adriana Martínez

Edición: David Sánchez Vaqué
Coordinación editorial: Anna Pérez i Mir
Dirección editorial: Iolanda Batallé Prats

© 2014 Roger Carandell, Ernest Codina y Daniel Feixas, por el texto
© 2014 La Galera, SAU Editorial, por la edición en lengua castellana

El editor quiere agradecer de manera especial la colaboración de Andrés Prieto.

La Galera, SAU Editorial
Josep Pla 95 – 08019 Barcelona
www.lagaleraeditorial.com
lagaleraeditorial@lagaleraeditorial.com

Impreso en Limpergraf, SL
Mogoda 29-31, Pol. Ind. Can Salvatella
08210 Barberà del Vallès

Depósito legal: B-29059-2013
Impreso en la UE
ISBN: 978-84-246-4884-8

cómo funciona este libro

En las próximas páginas vamos a citar un montón de vídeos.
Lógicamente.
Al lado de cada uno de ellos, ponemos un código QR
para que puedas acceder a él de un modo rápido y sencillo.
Te recomendamos lo siguiente:

1.

Descarga una aplicación para escanear códigos QR
en tu tablet o smartphone. Por ejemplo "BeeTagg QR Reader",
"QR Barcode Scanner", "QR Code Reader" o "Bidi".

2.

Multiplica el placer de leer viendo los vídeos que describimos.

Si no tienes un lector de códigos QR... no pasa nada.

Al final del libro encontrarás los enlaces de todos los vídeos
a los que hacemos referencia. Y si te da pereza copiar los enlaces,
simplemente tienes que introducir un par de palabras clave
en el buscador de YouTube.
Pero sea como sea, no te quedes sin ver los vídeos.

Comenta el libro en las redes sociales con el hashtag #readingyoutube

prólogo

cómo triunfar en youtube - vídeo prólogo

http://www.youtube.com/watch?v=VCdftB–Ys4

introducción

¿Cómo triunfar en YouTube? Esta es una pregunta que se han hecho y se siguen haciendo millones de personas de todo el mundo. El invento, creado por Chad Hurley, Steve Chen y Jawed Karim en febrero de 2005, se ha convertido en algo más que un instrumento para subir y compartir vídeos. YouTube es la plataforma de entretenimiento con la audiencia más grande del planeta.

El concepto de éxito que os proponemos va más allá de la idea de hacer fortuna que muchos podéis concebir de buenas a primeras. En YouTube se puede triunfar de muchas maneras distintas, desde aprender a cocinar, pasando por darse a conocer como artista hasta hacerse millonario con las visitas de vuestros vídeos.

No solo expondremos casos de individuos y corporaciones que han conseguido fama y dinero con YouTube; también hablaremos de las empresas que están aprovechando la plataforma para promocionarse, mejorar la reputación de marca y aumentar las ventas.

Detallaremos los pasos que hay que seguir para resultar atractivos y captar la atención de los usuarios y así conquistarles en masa. Analizaremos casos de éxito reales que han triunfado en la red. A través de su propia experiencia, distinguiremos entre los tipos de vídeo, canales y fenómenos y os animaremos a construir vuestro propio planeta en el universo YouTube, donde todo, también la realización de vuestros sueños, puede ser posible.

Sin YouTube no conoceríamos a artistas como Lana del Rey, Justin Bieber, Pablo Alborán o PSY que, gracias a la difusión de sus vídeos, se han convertido en estrellas de la música y referentes mundiales de gran reputación. Y con eso han logrado una cantidad de dinero colosal. Tampoco nos reiríamos con las bromas de Steve Kardynal o Loulogio, ni nos emocionaríamos con las historias de Susan Boyle o Paul Potts.

No podemos vivir un día más obviando el poder de esta ventana al mundo a la que se asoman más de mil millones de internautas cada mes. El imperio YouTube ya se ha convertido en un trampolín para muchos individuos anónimos, que desde su casa y sin recursos económicos han generado una audiencia más grande que muchos canales de televisión. Estamos convencidos de que os motivará ver cómo muchas marcas han podido ampliar sus fronteras, su negocio y su posicionamiento web. Por el camino también ha quedado mucha gente que lo ha intentado y no lo ha logrado, quizás por falta de recursos, originalidad o, lo más importante, perseverancia.

Por todo eso, y mucho más, estamos aquí. Queremos hacer un recorrido por la plataforma, entender por qué han triunfado los que lo han hecho, y daros las claves y herramientas para que podáis conseguir vuestros objetivos. Veremos una selección de los mejores ejemplos de canales de YouTube, campañas de vídeo marketing o vídeos virales. Explicaremos las técnicas que hay para ganar dinero, tanto para youtubers como para discográficas o empresas. Hablaremos del poder que tiene el vídeo online y cómo podemos utilizarlo para aumentar la reputación de nuestra marca. ¿Estáis preparados para comeros el mundo?

qué es youtube

> cómo y cuándo nace youtube

En febrero de 2005, tres jóvenes que habían entablado amistad mientras trabajaban en PayPal, Chad Hurley, Jawed Karim y Steve Chen, crearon YouTube después de ver que tenían problemas para compartir los vídeos grabados en una fiesta. Esta es la historia que se cuenta de YouTube, aunque los mismos creadores dicen que se ha simplificado e idealizado. De hecho, siempre que lo relatan acaban discutiendo entre ellos. Jawed Karim asegura que nunca hubo ninguna fiesta, pero los otros dos dicen que sí.

Más allá de la anécdota, lo que sí sabemos con seguridad es que el 15 de febrero de 2005 se activó el dominio **YouTube.com**, y el 23 de abril se publicaba el primer vídeo: *Me at the zoo*, en el que aparecía Jawed Karim, en el zoo, hablando sobre los elefantes.

1⇨

En poco tiempo, comenzó a verse que You-Tube era una gran idea. Las visitas de la web se dispararon y los usuarios colgaron miles de vídeos. Uno de los momentos que impulsaron la fama de la plataforma fue cuando miles de usuarios de **MySpace** empezaron a colgar vídeos de YouTube en sus páginas personales.

El primer gran impulso: los usuarios de MySpace.

Este gran crecimiento despertó la atención de grandes corporaciones como Sequoia Capital –empresa que se dedica a invertir capital en proyectos en su fase inicial y que en su momento participó con inversiones en Apple, Yahoo y Google– o Time Warner –una compañía multinacional de medios y entretenimiento–, que decidieron invertir en YouTube.

Introducción de la publicidad.

En octubre de 2005, Nike llamó a las puertas de la compañía. Era la primera marca que confiaba en la nueva plataforma de vídeo para colocar en ella un anuncio, en el cual aparecía Ronaldinho. Eso provocó que, enseguida, otras grandes marcas se subiesen al carro de la publicidad en YouTube.

Con todo ello, en diciembre de 2005, YouTube ya registraba más de 50 millones de visitas diarias. Pero estas se dispararon aún más al colgar un vídeo musical original del programa *Saturday Night Live*. La web pasó en cuestión de días de 50 millones de visitas diarias a 250 millones. Lo que no sabían sus creadores es que esto solo era el principio.

Poco más de un año después de su nacimiento, en mayo de 2006, **Alexa.com** –una web que analiza las páginas más visitadas del mundo– ya otorgaba 2.000 millones de visitas diarias a YouTube. Una cifra que se multiplicó rápidamente hasta llegar a los 7.000 millones de visitas cada día a mediados de agosto del mismo año.

Pero los problemas tampoco se hicieron esperar. Universal Music Group denunció a YouTube como un ataque frontal contra los derechos de autor de los vídeos que se colgaban en la plataforma y que eran propiedad de las compañías discográficas. A pesar de ello, pocos meses después YouTube se comprometía a utilizar un servicio para detectar los vídeos que tuviesen derechos de autor.

Google compra YouTube.

A principios de octubre de 2006, *The Wall Street Journal* publicaba una noticia en la que hablaba del interés de Google por comprar YouTube. Incluso apareció la cifra: 1.600 millones de dólares. Aunque en un principio ambas compañías calificaron estas informaciones de rumores, pocos días después Google hacía efectiva la compra de YouTube por 1.650 millones de dólares en acciones.

A partir de aquel momento, los 67 trabajadores de YouTube pasaron a formar parte de la plantilla de Google. Chad Hurley y Steve Chen, dos de sus creadores, mantenían sus cargos y lideraban así el proyecto dentro de la compañía propietaria del buscador más poderoso del mundo.

❯ en qué se ha convertido

Actualmente YouTube es la tercera web más visitada del mundo y se ha consolidado como la plataforma distribuidora de vídeos más importante de todo el planeta. Algunos expertos incluso le han colocado la etiqueta de «televisión planetaria». Sea como sea, la compañía ha conseguido, en menos de diez años, crear una infraestructura que era inimaginable en el momento de su nacimiento.

YouTube es «televisión planetaria».

Las cifras actuales son monstruosas: mil millones de usuarios únicos visitan YouTube cada mes, se reproducen más de 4.000 millones de horas de vídeo cada mes y se cuelgan 100 horas de vídeo cada minuto.

No hace falta decir que YouTube se ha convertido en una plataforma que va mucho más allá de la distribución de vídeos que cuelgan los propios usuarios. Seguramente, nadie se esperaba que, hoy, esta web creada en 2005 sería el segundo buscador más utilizado de internet –aunque nunca se hubiese pensado en esta utilidad–. Esto quiere decir que millones de personas escogen YouTube para buscar cosas de su interés en la red.

YouTube es el segundo buscador más utilizado en la red.

Y no solo eso. A lo largo de estos años, la compañía no ha dejado de innovar e incorporar nuevas herramientas que le han permitido ofrecer mucho más que vídeos. YouTube dispone de herramientas de análisis para que sus usuarios puedan llevar a cabo un seguimiento de las audiencias de sus contenidos. También ofrece instrumentos de monetización para convertir en rentables los vídeos colgados por los usuarios y revolucionar, de esta manera, el concepto de publicidad en la red.

Hablamos mucho de monetización en el apartado ¿*Cómo hacerse millonario en YouTube?*

La aparición de YouTube también ha supuesto un cambio social en el consumo de contenido audiovisual y se ha convertido en una amenaza para la televisión tradicional. El hecho de que el usuario pueda ver en el momento que quiera lo que desee hace que cada vez más personas decidan utilizar YouTube. Actualmente muchos medios tradicionales como radios, televisiones y prensa en general dedican grandes esfuerzos a YouTube al ver que se ha convertido en uno de los medios de comunicación más poderosos del mundo, con una cobertura global que les permite distribuir sus contenidos por todo el planeta.

YouTube ha revolucionado el mundo audiovisual.

Industrias como la musical o la cinematográfica también se han visto obligadas a adaptarse a los nuevos tiempos. Mientras en la década de 1990 las películas que se estrenaban en Estados Unidos llegaban a nuestros cines al cabo de 6 y 8 meses, actualmente se realizan lanzamientos mundiales simultáneos.

El mundo discográfico, sin ir más lejos, ha encontrado en YouTube una herramienta de promoción y difusión de sus artistas que nunca había tenido. Un medio global que le permite llevar a cabo lanzamientos mundiales de sus canciones y sus artistas colgando solo un videoclip en la red, con la posibilidad de llegar a tener cientos de millones de visitas.

Red global de conocimiento.

¿Qué edad tienen los usuarios de YouTube?

AÑOS	%
3 - 11	3
12 - 17	19
18 - 34	35
35 - 49	23
50 +	19

Pero YouTube no solo ha revolucionado el mundo tecnológico y audiovisual. También ha creado una red global de conocimiento con grandes repercusiones sociales. Todo el planeta está conectado y se comunica a través de los vídeos de YouTube. La inmediatez con la que se distribuye el contenido a escala global provoca que las tendencias y las modas se propaguen por todos los rincones del mundo en cuestión de segundos. De esta manera, se crea el efecto viral del que tanto se habla y se favorece la aparición de fenómenos mundiales como el Gagnam Style, el Harlem Shake o el LipDub, por poner solo algunos ejemplos.

▶ youtube vs. televisión. ¿quién gana?

YouTube va ganando terreno poco a poco a la televisión tradicional tal como la conocemos hasta ahora, es decir, una pantalla en el comedor de casa conectada a la TDT. Según las cifras del Estudio General de Medios (EGM), en septiembre de 2013, tres de cada diez personas han dejado de mirar la televisión tradicional en el momento que han comenzado a consumir contenido audiovisual online conectando sus televisores a internet.

Cada vez hay más personas que conectan sus aparatos de televisión a la red y eso comienza a crear ciertas dudas en la TDT. Con una tele con acceso a YouTube y a internet, el usuario no tiene que esperar que llegue la hora de su programa preferido o que comience una película que tiene ganas de ver. Podrá verlos en el momento que quiere y sin interrupciones de publicidad.

El mismo estudio revela que el 60% de los usuarios que deciden conectar la televisión a internet y a sus dispositivos móviles deja de comprar DVD y alquilar películas porque ya lo hace a través de la red. Aun así, solo uno de cada cuatro consumidores de televisión por internet aseguran haber dejado de ir al cine.

Lo que también se desprende del EGM es que la aparición de la televisión conectada a internet ha provocado un consumo mucho más individualizado que el de la televisión tradicional. El nivel de personalización que permite la selección de los contenidos en el momento que quiere el usuario ha provocado un aumento del consumo individualizado mucho más elevado que el consumo de televisión tradicional.

Si decimos que cada vez hay más gente que mira la televisión sin un televisor, puede parecer extraño. Pero no lo es. Con el paso de los años y con la evolución de las infraestructuras de conexión, cada vez con mayor velocidad –ADSL, 3G, 4G, fibra óptica–, el consumo de contenido audiovisual en dispositivos móviles como smartphones, tablets o portátiles ha provocado un descenso del uso del aparato de televisión tal como lo conocemos hasta ahora. Podemos consumir tele desde cualquier dispositivo. De hecho, según datos del Estudio General de Medios, un 81% de los usuarios que consumen vídeo online lo hacen a través de un ordenador y no de un televisor.

¿Cuáles son las plataformas de vídeo online más utilizadas?

PLATAFORMAS	%
YouTube	71
Contenidos a la carta	32
Google TV	14
Yomvi	12
Wuaki	11

¿De dónde proceden las visitas que tiene YouTube?

VISITAS	%
Estados Unidos	22,6
Japón	6,7
Alemania	4,8
India	4,8
Reino Unido	3,7
Italia	3,7
Brasil	3,6
México	3,6
Francia	3,3
España	2,7

❯ ¿tiene competencia youtube?

Podemos decir que, actualmente, YouTube no tiene una competencia directa que amenace su dominio mundial del vídeo online. Sí que existen algunas plataformas, también de vídeo online, que han conseguido cierta popularidad, pero sin llegar, ni mucho menos, a mover cifras como las de YouTube. Las principales son Vimeo, Metacafe y DailyMotion.

vimeo → es la plataforma de contenido audiovisual online que más ha progresado de todas las que se han creado hasta ahora, aparte de YouTube, claro. Nació el año 2004 de la mano de InterActiveCorp con la intención de crear una red social ligada a los vídeos. Una web para compartir vídeos donde los usuarios pudiesen comentarlos entre ellos.

A diferencia de YouTube, Vimeo no admite publicidad ni tampoco contenidos que no hayan creado sus usuarios. De hecho, la plataforma se ideó como un sitio donde exhibir solo el material creado y subido por el propio usuario.

Al principio, el punto fuerte de Vimeo era su alta calidad de imagen. Ya en el año 2007, la compañía anunció la posibilidad de colgar vídeos de alta definición –1280x720 px–. De esta manera se convertía en la primera plataforma de vídeos HD.

Así pues, poco a poco, Vimeo se ha ido ganando la reputación de una plataforma con una alta calidad gráfica y muchos usuarios, especialmente profesionales del sector, han decidido utilizarla para mostrar creaciones audiovisuales. Aun así, sus cifras de visitas están a años luz de YouTube.

metacafe ➡ fue creada el año 2002 por los israelíes Eyal Hertzog, Arik Czerniak y Ofer Adler. Pero no fue hasta el año 2006 cuando la web experimentó un crecimiento importante de visitas y popularidad.

Metacafe es una plataforma orientada a usuarios que descargan muchos vídeos a sus ordenadores sobre temáticas de humor, entretenimiento, anuncios virales y deportes. Actualmente tiene unos 120 millones de visitas mensuales. $\overline{4}$⇨

dailymotion ➡ nació en el mismo momento que YouTube, en el año 2005, en Francia, como una plataforma de alojamiento y visualización de vídeos online. Aunque no ha llegado a alcanzar nunca la popularidad ni las cifras de YouTube, en el año 2008 DailyMotion vivió uno de sus mejores momentos cuando consiguió llegar a la posición 38 del ranking mundial de webs de **Alexa** con 26 millones de visitas diarias. $\overline{5}$⇨

Justin Bieber, Xuso Jones, Sak Noel, Pablo Alborán o Juan Magán son artistas más que reconocidos que comparten el mismo origen: YouTube. Todos ellos han comprobado el poder mediático que tiene la plataforma a la hora de dar a conocer su trabajo a todo el mundo.

YouTube se ha convertido para los músicos en una plataforma imprescindible para promocionarse, hasta el punto de superar la mítica red social musical MySpace. YouTube funciona como una galería audiovisual donde los artistas pueden exponer su trabajo. Las posibilidades que ofrece son muchas: por una parte, pueden hacer que crezca su público y conseguir fama y visitas; por otra, les puede ver algún sello discográfico y ficharles para grabar un disco. Cada día más, cazatalentos

> Justin Bieber es el ejemplo más espectacular de músico que ha triunfado gracias a YouTube.

y discográficas pasan horas en YouTube buscando nuevos artistas con ideas frescas.

El mismo **Justin Bieber** se ha convertido en el ejemplo perfecto que ilustra el poder de una plataforma de vídeo como YouTube combinada con las redes sociales. La historia del canadiense ha sido una de las más comentadas, analizadas y seguidas del siglo XXI.

Hijo de padres divorciados y criado por una madre con graves problemas económicos, Justin Bieber vio cómo de la noche a la mañana se convertía en una celebridad para millones de adolescentes. De manera totalmente autodidacta, Bieber aprendió a tocar el piano, la guitarra, la batería y la trompeta. Fue a los 12 años cuando su madre, aprovechando que su hijo había quedado segundo en un concurso de canto –versionando el tema de Ne-Yo *So Sick*–, colgó la actuación en YouTube. Su intención era que el entorno familiar y los amigos pudiesen ver el vídeo. Esto se repitió a finales del año 2008 con unos vídeos donde se veía a un Justin Bieber muy, muy joven cantando temas de artistas como Justin Timberlake o Usher.

Fue precisamente gracias a YouTube y de manera totalmente casual, que Scooter Braun, un exejecutivo de marketing de la discográfica So So Def, se topó con los vídeos de aquel niño de 12 años, que lo dejaron realmente impresionado. Al cabo de unas semanas, Braun presentó a Justin Bieber a Usher para cantar conjuntamente un tema, y poco después firmó un contrato con Raymond Braun Media

Group –empresa propiedad del mismo Braun y el cantante Usher–. En menos de un año, en 2009, salía al mercado *My World*, el primer disco de Justin Bieber, que rápidamente se colocó en las primeras posiciones de las listas mundiales de éxitos. Acababa de nacer una estrella de la música.

El caso de Justin Bieber ha impulsado a miles de artistas, grupos y cantantes a colgar sus canciones en YouTube con la intención de que la red y los usuarios sean los que juzguen y valoren su trabajo. De esta manera, YouTube se ha convertido en un gran escaparate de nuevos talentos. Artistas desconocidos que esperan impacientes que los descubran discográficas, productores o los mismos usuarios de la red, quienes, con un poco de suerte, compartirán sus vídeos en sus redes sociales.

Un caso similar al de Justin Bieber es el de **Cody Simpson**. Nacido en 1997 en Australia, se ha convertido también en un ídolo adolescente después de colgar a YouTube en 2009 covers de Jason Mraz y Justin Timberlake. Al cabo de unos meses lo fichaba el productor Shawn Campbell, que ha trabajado con artistas de la talla de Jay-Z.

La historia de nuevos talentos a quienes descubren productores o grandes discográficas gracias a YouTube también ha pasado en España. Uno de los casos más sonados ha sido el de **Pablo Alborán**. Hoy es uno de los artistas más conocidos y seguidos del país, pero antes de ser una estrella de la música, Pablo utilizaba YouTube para dar a conocer sus canciones. Su primer bombazo fue la canción *Solamente tú*, que consiguió más de 7 millones de visitas. Una de estas visitas fue la de la cantante Kelly Rowland, que se mostró totalmente sorprendida y se declaró fan de la voz del español.

YouTube también ha llevado a la fama a personajes como **Mohammed Shahid Nazir**, un pescadero paquistaní de un popular mercado de Londres que vendía su pescado a una libra la pieza. Para promocionar su negocio y atraer la atención de los clientes, Mohammed cantaba una canción propia, *One pound fish*. Una melodía que lo conduciría a ser un fenómeno mundial gracias a YouTube. Todo empezó cuando un cliente le grabó cantando la canción, y luego la subió a YouTube. El vídeo fue un auténtico éxito hasta conseguir 8 millones de visitas, y la discográfica Warner Music le propuso a Mohammed firmar un contrato para editar la canción a nivel mundial y filmar un videoclip. En pocos meses, Mohammed se había convertido en una estrella emergente del pop, conocida en todo el mundo.

Pero aparte de nuevos artistas y grupos que se dan a conocer gracias a YouTube, también están los casos de artistas antiguos que recuperan su popularidad después de colgar sus vídeos en la red. Nombres como los de **Rick Astley**, **Locomia**, **Chimo Bayo** o los propios **Manolos** han visto como su música volvía a popularizarse gracias a los usuarios que visualizaban sus videoclips y sus conciertos

9 ⇩

10 ⇩

YouTube también ha provocado una «segunda juventud» de grupos y cantantes que habían triunfado hace dos décadas.

en YouTube consiguiendo millones de visitas a canciones que se editaban por primera vez hace más de 20 años.

❯ el boom de los covers

Una de las mejores formas de darse a conocer en YouTube es realizando covers de artistas conocidos. *Cover* es el nombre que se da a una versión de una canción conocida. Muchos cantantes y músicos principiantes han encontrado en las versiones una vía eficaz para demostrar su talento al mundo. Si un cantante puede interpretar fantásticamente bien una versión de un artista famoso, probablemente tiene talento suficiente para triunfar en la industria musical. No siempre es así, pero se puede decir que tiene muchas posibilidades.

> Muchos artistas anónimos utilizan los covers para mostrar su talento al mundo.

De hecho, es así como se han dado a conocer muchos artistas que han acabado siendo cantantes de renombre mundial cuando todavía no tenían canciones propias. Es el caso de Codi Simpson, del que hemos hablado anteriormente.

Se puede decir que los covers son una forma de demostrar al mundo los miles y miles de talentos anónimos que la industria musical se pierde cada día. En realidad, últimamente, el hecho de subir covers a YouTube se ha convertido en una práctica más que popularizada entre muchos artistas. Cada vez que un cantante famoso estrena un hit, se desencadena una guerra musical entre todos los músicos 2.0

para imitarlo o hacer su propia versión. Esta obsesión por ser el primero se explica porque quieren aprovechar la ola de fama que tiene la canción original para generar visitas y promoción de su canal. Y realmente funciona.

Son muchos los casos que han triunfado siguiendo este sistema. Los hermanos mexicanos Vázquez Espinoza, por ejemplo, montaron un grupo de música con la hermana menor, Ángela, como cantante. Son los **Vazquez Sounds** (680.000 suscriptores a su canal), y con su versión de *Rolling In The Deep*, de Adele, que realmente pone los pelos de punta, lograron más de 100 millones de visitas en YouTube.

Hay que citar también a cantantes como **Sam Tsiu** y **Kurt Hugo Schneider** (3.585.000), que se hicieron famosos imitando a Michael Jackson, con 31 millones de visitas. O un montón de ejemplos más como **Chester See** (1.365.000), **Sara Niemietz** (91.000), Max Schneider (567.000) o Tifanny Alvord (1.710.000), entre otros, que se han convertido en auténticas estrellas mediáticas y referentes del «movimiento cover».

Finalmente, vale la pena añadir que, aunque consiguen muchas visitas con los covers, estas visitas no se pueden monetizar en YouTube por una cuestión de derechos. Así pues, estos artistas tienen que buscar financiación por otras vías, como por ejemplo conciertos o temas propios.

A continuación analizaremos la evolución de tres músicos que han triunfado en YouTube: Xuso Jones, Juan Magán y Sak Noel. Tal vez no sea exactamente el caso de Juan Magán, pero los otros dos son claros ejemplos de artistas completamente desconocidos que YouTube ha convertido en estrellas mediáticas.

Xuso Jones

Jesús Segovia (16 de junio de 1989) es Xuso Jones, un artista murciano que se ha podido convertir en cantante profesional gracias a sus vídeos colgados en YouTube. Jones, que desde muy pequeño (4 años) ya tenía conocimientos de música, se fijó que en Estados Unidos los aficionados colgaban sus covers en YouTube y la gente los veía: *Me di cuenta de que desde su casa llegaban a todo el mundo. Sin duda es mucho mejor que salir a la calle; es una herramienta genial que te abre todas las puertas sin necesidad de tener ningún espónsor*», nos contaba el artista.

El cantante creó su canal de YouTube el 6 de marzo de 2008, y el primer vídeo que compartió fue una canción original suya titulada *Dime cuándo volverás*, un tema que, cuatro años después de su creación, ha sido incluido en su primer disco titulado *Part 1*. Después de este debut en acústico en la plataforma de vídeos, Jesús continuó cuidando su canal subiendo covers de artistas como Jason Mraz, Sean Kingston, Jus-

13 ⇩

tin Bieber, Alejandro Sanz, Alicia Keys, Jason Derulo, Taio Cruz o Bruno Mars, entre otros. Más allá del talento que alguien pueda tener, es cierto que es necesario poseer otras aptitudes para alcanzar un eco considerable dentro de la plataforma. Jones nos contaba cuáles son, según él, las bases para construir un canal de YouTube con cara y ojos para poder obtener un rendimiento: «*Tenéis que ser muy constantes, colgar vídeos semanalmente, no abandonarlo, poner bien las etiquetas, ser lo más naturales posibles delante de la cámara y transmitir ilusión. Yo creo que estas son las claves*».

La aceptación de lo que Xuso iba colgando era bastante buena, pero hubo un vídeo, titulado *Cantando el pedido en McAuto*, que le cambió la vida. Jesús y unos colegas estaban aburridos y tenían mucha hambre, y decidieron preparar un pedido muy especial; inspirados en la canción *Beautiful Girls* de Sean Kingston, crearon una letra que detallaba los platos que querían para comer y se dirigieron a un McAuto. Una vez allí, advirtieron a la persona que los atendía por el intercomunicador: «*Te voy a hacer un pedido un poco complicado, ¿vale?*». Y esto es lo que sucedió.

Después de compartir el vídeo en las redes sociales, *Cantando el pedido en McAuto* superó las 100.000 visualizaciones en menos de 12 horas. Dos años después roza los 6 millones y continúa creciendo.

El 26 de mayo de 2011 Xuso Jones escribía esto en la descripción del vídeo: «*Lo que hizo*

el aburrimiento y el hambre... ¡¡¡Nos pusimos a cantar el pedido y ya de paso alegramos el día de los empleados, que se revolucionaron!!! El vídeo está hecho sin maldad y sin reírnos de nadie; lo hicimos para echarnos unas risas! Un saludo a tod@s». Xuso nos contaba que *«el vídeo del McAuto funcionó porque era original y hacía reír»,* y seguramente por ello corrió como la pólvora por internet.

❯ efectos del éxito conseguido en youtube

En el momento en que el vídeo llegó a las manos de un directivo de la empresa McDonalds, lo tuvo claro: había que fichar a los chicos de YouTube para la campaña de verano de todas las hamburgueserías de la marca en España. *«Allí me planté en una mesa llena de ejecutivos para formalizar lo del anuncio»,* comentaba Jones a la revista *Rolling Stone.*

Poco después, diversas multinacionales del mundo discográfico contactaron con él. Todo el mundo quería cazar su talento. El joven murciano recibió ofertas de Warner, Sony y Universal, pero acabó firmando con esta última. Jones, que había estudiado Turismo en Canadá, nunca se había podido imaginar que su sueño se cumpliría de esta manera.

En estos momentos, Xuso Jones es una estrella de la música y ha podido grabar su primer EP, *Part 1,* en un estudio de Los Ángeles, donde

ha colaborado con Ester Dean, compositora de algunas canciones de Katy Perry o Rihanna. En su primer disco encontramos los temas *Celebrating Life, Buy The Dj A Round, Turn On The Radio, I'll Be There, Dime cuándo volverás, Bring Out The Best Of Me* y *Getaway*. Muy pronto, los fans del artista, que se cuentan por miles entre España y Sudamérica, podrán disfrutar de nuevo material, pero sin perder de vista su origen youtuber.

Juan Magán

Hemos podido hablar con Juan Magán para conocer la experiencia youtuber de un músico de masas profesional. Seguro que todos lo conocéis, pero por poneros en contexto os diremos que ha vendido más de un millón de sencillos, tiene cuatro discos de platino, tres discos de oro, uno de los cuales obtenido en Estados Unidos, tres nominaciones a los premios Grammy latinos, seis nominaciones a los premios Billboard 2013, decenas de nominaciones a otros galardones, cientos de actuaciones por todo el planeta y un montón de colaboraciones y números que lo convierten en uno de los artistas más seguidos y admirados de España y buena parte del continente americano.

Según datos oficiales, sus clips se han visualizado más de 300 millones de veces y su canción *Te voy a esperar* (banda sonora de la película *Tadeo Jones*) se convirtió en uno de los vídeos de YouTube más vistos en España, con cerca de 17 millones de *plays*. Más tarde, *Mal de amores*, que fue una de las canciones más bailadas y celebradas del verano de 2013, superó esta cifra con más de 20 millones de reproducciones.

Por eso nos interesa saber cómo un artista con estas cifras interactúa con la plataforma y cómo ha cambiado el mundo de la música con internet y servicios de difusión como YouTube. De entrada, el creador del género musical «electrolatino» describe el invento con una metáfora protagonizada por una heladería: *«Para una heladería, YouTube sería el escaparate más grande y bonito del centro del Paseo de Gracia de Barcelona el día más brillante del verano, con la calle inundada de locales y extranjeros. Es la mejor manera de darse a conocer simultáneamente en todo el mundo. Es la mejor herramienta para divulgar mis trabajos, junto con Twitter y Facebook. Ahora es más fácil con YouTube, pero también hay más competidores, así que no podemos dormirnos».*

Una vez más, queda claro que YouTube es una gran oportunidad para todos aquellos que tienen algo que mostrar al mundo, pero también es verdad que nos hace partir a todos de la misma línea de salida. Para intentar aventajar al resto de «rivales» es necesario marcar diferencias y producir un vídeo diferente, virtuoso y potente, que llame la atención de los usuarios, por el guión, por la imagen, porque les entretiene, les hace reír o aparece algún elemento especialmente atractivo.

Aunque Magán no se considera un experto creando vídeos, se aventura a darnos algunas claves para crear un producto suculento para

YouTube es la mejor herramienta para divulgar mis trabajos, junto con Twitter y Facebook.

el internauta: «*Sé lo que debe tener una canción para que le guste a bastante gente, pero no tengo tanta idea de crear vídeos. Aplicando la lógica, creo que a la gente le gusta ver imágenes del día a día del artista, o bien todo lo contrario: cosas muy extravagantes. A los humanos nos gustan los extremos*».

Con YouTube e internet en general, las canciones viven dos líneas de promoción paralelas: la que se programa siguiendo las pautas de la industria discográfica y otra, mucho más espontánea, la que realizan los fans subiendo y compartiendo vídeos de los temas a la red. Juan Magán nos cuenta que le debe más favores a sus seguidores que a YouTube: «*Son ellos los que, subiendo mis canciones, hacen una especie de promo viral propicia para convertir mi trabajo en un éxito*».

El cantante y productor de *Bailando por ahí* considera que YouTube es una herramienta directa, rápida y real para hacer llegar cualquier información a millones de usuarios a la vez, pero de algún modo también exige más producción audiovisual por parte de los artistas. «*Ahora las palabras "audio" y "visual" están más unidas que nunca. Los fans reclaman contenidos muy a menudo; videoclips, grabaciones de los acontecimientos, saludos, making ofs, etc.*», comenta Juan Magán, que reconoce que su primer contacto con YouTube fue para mirar «fricadas» que le hacían reír junto a sus amigos. «*Después me sirvió para encontrar títulos de canciones que no llegaban a las tiendas de Barcelona*».

Actualmente, Juan Magán es uno de los artistas latinos más cotizados y sus temas lo han colocado en el número uno de muchas listas de España y América. Ser uno de los grandes del mundo de la música implica que tus clips se alojen en un canal VEVO, en que las multinacionales del mundo discográfico controlan a los artistas, sus videoclips y la monetización de sus reproducciones. «*Para ser sencillo y rápido, VEVO es el YouTube de las multinacionales. Si un artista tiene muchos seguidores y genera muchas visualizaciones, es necesario que tenga un canal de este tipo para vehicular territorios y monetización*», cuenta el artista.

Magán, que es el creador y el propietario de su propia compañía artística, llamada We Love Asere, tiene claro que YouTube es una buena herramienta para identificar talentos y ficharlos. «*Permite hacer un casting virtual y decidir su incorporación. Yo he fichado a artistas por los trabajos que han colgado en YouTube, pero hay que ir con cuidado y valorar algo más que el número de visualizaciones. Una empresa que fichase a todo aquel que tiene más de un millón de views en YouTube tendría muchísimas pérdidas*».

Sak Noel

Sak Noel es un DJ y productor musical dedicado a la electrónica, famoso por ser uno de los símbolos internacionales de la fiesta más loca. Con unos cuantos socios más, en 2004 fundó la moguda.com, una página web que informaba de los eventos nocturnos más potentes de Cataluña y, especialmente, de la provincia de Gerona. Más tarde el proyecto comenzó a ofrecer servicios audiovisuales a discotecas y rápidamente ganó popularidad local. Dani Peracaula, que actualmente es su mánager y asistente, desempeñó un papel clave en la fundación de La Moguda («La Movida»).

En 2005 Sak, junto con Mak (también DJ y productor) y Xana (vocalista), impulsaron un movimiento que giraba alrededor de la creación de música dance en catalán. Producciones como *La pluja no és eterna* («La lluvia no es eterna»), *La meva nit* («Mi noche»), *El tren de la vida*, *Em poses a 100* («Me pones a 100»), *Indecent* («Indecente») o *Tinc ganes de festa* («Tengo ganas de fiesta») fueron acogidos como auténticos himnos en las discotecas catalanas. Evidentemente, los vídeos de todos estos temas pueden recuperarse actualmente en YouTube.

16

▶ el caso *Loca People*

Desde aquella aventura, que acabó el año 2010, Sak Noel no ha parado. Su carrera como discjockey y productor independiente es extensa y lucida, y su primer número uno, *Loca People*, salió del estudio en otoño de 2011 para cambiarle la vida. La canción, que habla de una chica extranjera que viaja a Barcelona ignorando el atractivo cultural de la ciudad porque quiere estar todo el día de fiesta, fue número uno en una docena de listas de todo el mundo, entre las cuales destacan las del Reino Unido u Holanda, y le proporcionó cinco discos de oro (en Reino Unido, Dinamarca, Italia, Holanda, Alemania y Suecia).

Rápidamente, clubes de todo el planeta querían contratarlo porque su canción era la más solicitada, pero Sak no había hecho nada para promocionarla; solo había colgado el vídeo y el audio del tema en YouTube: «*Mi caso es un claro ejemplo de cómo este servicio de difusión de vídeos funciona viralmente. Sin la plataforma yo no hubiese tenido un éxito global. Quizá hubiera conseguido un boca-oreja en Cataluña o el resto de España, pero mi producto nunca hubiese podido cruzar océanos, al menos en un período tan corto de tiempo. Mis temas son un producto arriesgado, ya que muchas veces no encajan con los estándares de la industria discográfica, al menos a priori. De entrada, ningún ejecutivo de multinacional habría aceptado un producto como el Loca People. Las empresas están para ganar dinero y la mayoría de ellas*

no se la juegan a no ser que se dediquen exclusivamente a eso. Por tanto, gracias a YouTube, las discográficas vieron que el Loca People funcionaba y que la gente lo absorbía sin problema a pesar de su rasgo diferencial. Entonces estas se le sumaron a posteriori. Puede decirse que YouTube certificó mi tema como éxito y le dio credibilidad a partir de sus millones de visitas».

Sumados todos los vídeos de los muchos canales que han «chupado» el tema, el *Loca People* de Sak Noel acumula más de 100 millones de reproducciones de todo el mundo. Esto, traducido en dinero, hubiera supuesto un volumen de ingresos notable para el artista, que de momento no ha visto ni un céntimo de la plataforma. *«Ni mi editorial ni yo teníamos conocimiento de que YouTube fuese una fuente real de ingresos y tampoco nadie se esperaba que mi canción generase un volumen tan grande de visualizaciones.»* Actualmente, Sak Noel todavía no conoce la cantidad de dinero que pueden haber generado todas estas reproducciones, ya que muchas provienen de canales ajenos. El DJ y productor espera que algún día pueda recuperar aquello que es suyo, pero de momento el caso se encuentra en manos de la justicia.

▶ youtube es una gran oportunidad para proyectos sin presupuesto

Dejando de lado este detalle económico, Sak Noel es consciente de que, probablemente, sin el poder mayúsculo de internet y recursos diseminadores como Facebook, Twitter o YouTube, seguiría viviendo en el anonimato, a pesar de la gracia y la originalidad de su trabajo.

De hecho, Sak cree que YouTube es una gran oportunidad para talentos que no disponen de grandes presupuestos: «*El servicio ha democratizado la industria musical. Digamos que ahora todos los artistas parten con las mismas opciones de éxito o fracaso. La casilla de salida es la misma para todos y eso supone un gran cambio respecto a la anterior etapa. No se necesitan grandes presupuestos, a veces ninguno, para generar un monstruo en YouTube; las ideas y la manera de desarrollarlas priman sobre las grandes estructuras*», comentaba el artista.

Después de su nacimiento en internet, Sak Noel se ha desvirtualizado y su nombre ha encabezado carteles en eventos de más de 40 países; estos son algunos de los más destacados: Evento 40 de México 2011, Busan Electronic Music Festival (Corea), The Voice (Dinamarca), Zurich Arena 2012, Bayao Summer Dance 2012 (Alemania), Primavera Pop 2012 (Madrid), Spirit Of London 2012 (Brasil) y Festival Acapulco 2013 (México), entre muchos otros.

⟩ no se entiende una canción sin un vídeo que la acompañe

Aún hoy, el discjockey gerundense continúa apostando muchísimo por YouTube y tiene muy clara la importancia de los videoclips y el esfuerzo que tienen que hacer los artistas para

generar contenidos videográficos de interés para los fans: «*Desde siempre los videoclips han sido importantes. Recordemos obras maestras como la del vídeo del Thriller de Michael Jackson, realizadas décadas antes de la aparición de YouTube. Ahora mismo no se entiende una canción sin vídeo y los vídeos cada vez más tienen que ser obras discursivas y menos ilustrativas. El público pide historias, comunicación, novedades... En definitiva, que los sorprendan. Yo intento ofrecer a mis fans todo el material audiovisual relevante que puedo ya que así ven cómo es realmente Sak Noel*».

De hecho, cada día son más famosas las aventuras de Sak Noel Crazy World, que el DJ cuelga en su canal de YouTube para mostrar la locura de sus sesiones y su faceta más íntima mediante el recurso del vídeo. Es una buena manera de mostrar quién es, qué hace y quién lo acompaña por el mundo. Los usuarios pueden conocerlo a través de la pantalla del ordenador y pueden decidir si lo irán a ver cuando pase por su ciudad o si querrán comprar alguna de sus canciones.

Una herramienta genial para entretener a sus seguidores y a la vez aumentar su número: «*En tres meses he triplicado mi número de suscriptores gracias a esto*», contaba Sak Noel, que también aprovecha YouTube para saber qué dicen sobre él: «*Siempre intento leer los comentarios de los vídeos que cuelgo porque son una fuente de información brutal. Incluso a veces miro los comentarios que hablan de mí en canales que no son el mío, porque la gente se puede cortar si escribe en mi canal. Conocer aquello que la gente critica y elogia de mí tiene un valor extremo».*

El origen y el presente de Sak Noel nos hacen pensar una vez más en la fuerza de YouTube, donde nada es seguro pero todo es posible, que algunos aprovechan para entretenerse, escuchar música o informarse y del que otros quieren ser los protagonistas para sacar algún tipo de rendimiento. Según la opinión del creador de *Loca People*, hace falta que aprovechemos la condición actual de la plataforma: *«Si por desgracia, de aquí a diez años YouTube es controlado por los gobiernos o las corporaciones, miraremos este momento de la historia como uno de los más excitantes, porque la libertad de expresión y la igualdad de oportunidades son principales en las bases del actual YouTube».*

La libertad de expresión y la igualdad de oportunidades son principales en las bases del actual YouTube.

› youtubers que viven de youtube, o no

¿Es posible vivir de YouTube? ¿Hay muchos youtubers profesionales? ¿Qué tipos de contenidos crean? ¿Cuál es su dedicación? ¿Cuáles son los más cotizados del mundo? ¿Cuál es el secreto para poder vivir de ella?

Efectivamente, YouTube permite a algunos ganarse la vida sin tener que salir de su habitación. Se dedican a eso, a colgar y a compartir sus vídeos a través de YouTube. Necesitan muy poca cosa: basta con una cámara –puede valer la del propio smartphone–, un micrófono y un ordenador con internet. Pero también hacen falta dedicación, esfuerzo y constancia. Y sobre todo suerte, como en la mayoría de las cosas en esta vida.

> Basta con una cámara, un micrófono y un ordenador con internet.

Prácticamente todos estos internautas empezaron a publicar vídeos como un pasatiempo, de manera desenfadada y dirigidos a sus amigos y su círculo más cercano. Pero de repente, algunos –pocos, todo hay que decirlo– se encuentran con que tienen millones de seguidores. Y eso significa que generan beneficios gracias a los ingresos publicitarios de la plataforma. Willyrex dijo en la conferencia EBEuskadi 2013: *«Yo estaba estudiando y YouTube era un hobby que compaginaba con los estudios, pero la situación que tenía era buena para vivir de YouTube si le dedicaba muchas más horas y aparqué los estudios. Esta fue la decisión que tomé, pero para planteártelo has de tener una base lo bastante amplia de reproducciones...*». Es así como el hecho de compartir vídeos en YouTube se convierte para algunos en una auténtica profesión. Y podemos ir más allá: también se ha ido configurando un nuevo star system propio de YouTube, ya que algunos de estos usuarios se han convertido en auténticas estrellas e incluso se los empieza a conocer por la calle.

Pero vayamos por partes: ¿quiénes son estos usuarios? Pues lo primero que se debe decir es que los youtubers son gente muy constante, trabajadores natos: tienen que colgar regularmente series de vídeos de un mismo estilo y con un mismo hilo conductor. Porque está clarísimo: ¡la constancia y la dedicación son la clave del éxito!

La experiencia y el análisis de algunos youtubers nos dice que hay que publicar un vídeo o dos, como mínimo, a la semana. Y, sobre todo, de manera regular. O sea, si eliges colgarlo el viernes, hazlo cada viernes.

Con esto queremos decir que no consideramos como youtubers a los productores de vídeos únicos, como por ejemplo el surcoreano Park Jae-Sang, más conocido como PSY, autor del famoso videoclip *Gangnam Style*, que ha conseguido más de 1.820 millones de visitas y ha generado más de 8 millones de dólares por sí solo.

20⇨

Los youtubers tienen que crearse un público, deben conseguir seguidores poco a poco y cada vez han de tener más visitas en sus vídeos. Hay que destacar que lo que hace que un usuario gane dinero son precisamente las reproducciones, y no el número de suscriptores o de *likes* que pueda recibir. Hay muchos elementos que sirven para posicionar los vídeos en los rankings y aparecer mejor situado en las búsquedas: que sea más comentado, más valorado y más visitado. Pero solo las reproducciones que tiene el vídeo y el tiempo que los espectadores dedican a verlo determinará la cantidad de ingresos que tendremos. Aun así, nunca debemos renunciar a buscar el éxito del vídeo viral: como ha pasado en muchos casos, será realmente lo que nos convertirá en conocidos y quizá, a partir de aquel momento, podamos vivir de nuestros vídeos.

¿Qué tipo de vídeos hacen estos youtubers que lo petan? Bien, los llamados youtubers profesionales, es decir, los que cobran de sus vídeos colgados en la plataforma –porque tienen millones de visitas y de suscriptores–, son, mayoritariamente, gamers, humoristas o make-ups. Todos hablan a su público de YouTube de lo que más les gusta: un videojuego, monólogos sobre asuntos cotidianos o consejos de belleza. Y lo hacen utilizando un lenguaje muy directo, cercano, espontáneo e informal. Así que, como espectador, llegas a sentirte identificado o, incluso, te gustaría ser como ellos porque ves muy auténticos. *«A la gente les gustan mis vídeos porque conecto con ellos. No trabajo con guión, improviso, con mucho humor, y no me corto»*, cuenta **El Rubius,**

> ·····················
> *Para saber qué es un vídeo viral, ve al Glosario.*

21 ⇩

el youtuber con más seguidores de España (*El País*, 7 de junio de 2013). En la misma línea se pronuncia **Isabel Llano**, conocida como **Isasaweis**: «*La gente me dice que no es tanto lo que explico sino cómo lo explico*» (*El País*, 7 de octubre de 2013: «De profesión: "youtuber"»).

22⇨

Aun así, no todos los youtubers crean contenidos de calidad. En algunos casos el nivel intelectual es bastante bajo, por no decir inexistente, como pasa también en algunos programas de televisión. Posiblemente algunos de estos vídeos no podrían pasarse en televisión, ya sea por los tacos que se dicen en ellos o, en general, por su grosería. YouTube ha democratizado la forma de ver la televisión o los contenidos audiovisuales de la actualidad –antes veíamos lo que nos hacían ver y ahora podemos escoger– pero el hecho de que estos contenidos sean o no éticamente correctos o educativos ya es otra historia. En cualquier caso, todo ello dependerá de los valores morales de cada youtuber, y no de la plataforma.

> YouTube ha democratizado la forma de ver la televisión o los contenidos audiovisuales de la actualidad.

Fue en Estados Unidos donde este nuevo oficio se implantó en primer lugar, hace unos años, pero ahora ya hay youtubers profesionales por todo el mundo. Aun así, Estados Unidos sigue siendo el lugar con más casos de partners que se ganan la vida –y muy bien– gracias a YouTube: la propia plataforma destaca que hay varios youtubers que ganan ¡más de un millón de dólares anuales!

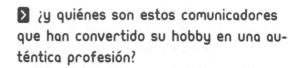

> **¿y quiénes son estos comunicadores que han convertido su hobby en una auténtica profesión?**

En lo más alto del ranking encontramos a los **Smosh**. Son una pareja de cómicos californianos llamados Ian Hecox y Anthony Padilla, nacidos en 1987 y que realizan vídeos humorísticos y parodias. Decimos que son los número uno porque tienen más de 13,5 millones de suscriptores. Sus vídeos acumulan más de 2.760 millones de reproducciones y se calcula que sus ganancias anuales oscilan entre los 500.000 y los 5.000.000 euros. Su vídeo más visto es *Beef'n Go*, con más de 99 millones de visitas.

Otro caso es el de **Jenna Marbles**, una joven también estadounidense que hace tres años grabó un vídeo para YouTube titulado *How to trick people into thinking you're good looking* y que ya tiene más de 55 millones de visitas. Jenna se ha convertido en una vlogger de éxito, es muy conocida entre las adolescentes, y tiene una lista de más de 11 millones de seguidores. Cuelga vídeos semanales sobre belleza o temas cotidianos como *What girls do in the bathroom in the morning*, con más de 24 millones de visitas; *How to avoid talking to people you don't want to talk to*, visto más de 32 millones de veces, o, entre otros, *Drunk make-up tutorial*, con más de 17 millones.

Esta chica ahora se gana muy bien la vida y se ha convertido en una auténtica estrella: *So-*

cial Blade –el portal de estadísticas de YouTube– constata que gana al año entre un mínimo de 300.000 y un máximo de 2,9 millones de euros. Y, según un artículo de *The New York Times* de abril de 2013 titulado «*The woman with 1 billion clicks*, Jenna Marbles», representa a las *celebrities* del futuro.

Otro partner de Estados Unidos que se gana muy bien la vida en YouTube y que merece la pena destacar es **Ray William Johnson**, quien también graba vídeos de humor cotidiano. Tiene más de 10 millones de suscriptores y su piezas se han visto más de 2.300 millones de veces. Se calcula que gana entre 250.000 y 2.400.000 euros anuales.

Los productores de vídeos para YouTube se encuentran por todo el mundo y en todas las lenguas. En castellano y en América Latina, debemos destacar al chileno **Germán Garmendia**, con su canal *Hola Soy Germán*, que está en lo alto de las listas: tiene más de 12,6 millones de suscriptores y su vídeo estrella se ha visto más de 22 millones de veces. El chileno cuelga cada viernes sin falta vídeos sobre temas cotidianos pero hechos con mucho humor. Así pues, la familia (*Los hermanos*) la pareja (*Soy el peor novio del mundo*), los estudios o las mascotas son algunos de los temas de los cuales habla. Se calcula que **Hola Soy Germán** gana de 300.000 a 3.800.000 euros anuales, según la web *Social Blade*.

Otros ejemplos de vloggers de éxito hispanoamericanos son los mexicanos **Werevertu-**

28⇨

29⇨

30

31⇨

morro o la **Yuya**, que mueven cifras muy potentes tanto en ingresos como en suscriptores y visualizaciones.

Fijémonos ahora en los youtubers profesionales de nuestro país: los más conocidos son **El Rubius**, a quien ya hemos citado anteriormente, y Willyrex, especializados ambos en videojuegos. El Rubius, cuyo nombre real es Rubén Doblas Gurdensen, tiene 4 millones de suscriptores y sus vídeos tienen más de 180 millones de reproducciones, que generan una media de 500 euros al día.

Willyrex, Guillermo Díaz, explica en sus vídeos técnicas y trucos para superar obstáculos de videojuegos. Tiene más de 3 millones de suscriptores y más de 255 millones de reproducciones, y según *Social Blade*, gana entre un mínimo de 113.600 euros y un máximo de 1,1 millones de euros anuales.

Otro caso que destacar es el de Melo Moreno, más conocida como **YellowMellow**, la chica youtuber con más seguidores de España. Tiene más de 262.000. Versiona canciones y habla de temas cotidianos (*Canción de la ley SOPA*), con más de 472.000 visitas, y *Americanadas*, que ha sido visto más de 396.000 veces, entre otras).

Después de hacernos la boca agua con los vídeos de estos youtubers y habernos hecho una ligera idea de lo que ganan, hay que añadir que estas cifras siempre son aproximadas, ya que el cálculo de la publicidad en YouTube no es tan fácil como dar un valor a un clic. Hay muchas variables que influyen en el coste de la publicidad, como veremos más adelante. Además, hay que añadir que solo hemos puesto como ejemplo los canales principales de los youtubers citados, pues algunos de ellos tienen más de uno. Esto quiere decir más seguidores, más visitas, más publicidad, más dinero.

Así pues, vemos que la clave para ganar dinero en YouTube es la publicidad. Los miles de dólares o euros anuales que perciben estos youtubers profesionales son gracias a los anuncios que vemos cuando le damos al play de un vídeo. También es cierto que, cada vez más, las grandes compañías y marcas comerciales están interesadas en estos youtubers que tienen millones y millones de suscriptores y visitas. Hasta el punto que hay youtubers que participan en campañas de publicidad y marcas que pagan y ofrecen productos para que se hable de ellos o aparezcan en los vídeos. Esto se conoce como *product placement*.

Por tanto, y como conclusión del capítulo, debemos decir que: esfuerzo, constancia, ingenio, creatividad, autenticidad y sobre todo suerte... son esencialmente los factores principales para que un internauta pueda vivir de YouTube. Pero tenemos que advertir de que ¡no es nada fácil! Muchos lo han intentado y se han quedado a medio camino. Lo que está claro es que, si llegas a lo más alto, la recompensa es grande Si no dejamos de soñar y trabajar, podemos llegar adonde sea necesario. ¡Ánimo y a ponerle pasión!

> Esfuerzo, constancia, ingenio, creatividad, autenticidad y sobre todo suerte.

El Rubius

YouTuber: El Rubius

Nombre real: Rubén Doblas Gurdensen

Perfil: Gamer

Nombre del canal: elrubiusOMG

Cómo se dirige a sus suscriptores: criaturitas del señor

Es el youtuber español con más seguidores. En el momento de escribir esta línea del libro, El Rubius tiene 4 millones de suscriptores y más de 400 millones de visualizaciones de vídeos de su canal principal. Este joven de padre español y madre noruega es el número uno de España y, a continuación, sabremos por qué.

En una entrevista de Europa Press, El Rubius contaba que el origen de su éxito es «*ser uno mismo, hacer lo que me gusta de verdad, subir vídeos de interés para los demás y crear contenidos originales que no copien otros formatos de éxito*». Dicho así, parece muy fácil, pero a todo esto hay que sumarle talento, gracia, regularidad, constancia y la pincelada de personalidad que todo youtuber necesita para triunfar.

Su espíritu gamberro, divertido y adolescente se encuentra presente en cada vídeo que cuelga. «*Creo que a la gente le gusta como soy yo, mi forma de ser*», comentaba El Rubius a Europa Press. De hecho, una de las principales virtudes de este youtuber es la naturalidad con la que cuenta las cosas, cómo es capaz de reírse

37 ⇩

a carcajadas de sus propias bromas y la capacidad que tiene para conseguir que el usuario se identifique con él. El vínculo afectivo que se respira entre el vlogger y sus seguidores es muy consistente. Tenemos la sensación de que, en todo momento, Rubén busca sorprender, entretener y divertir a sus suscriptores, a quienes mima muchísimo sirviéndoles todo aquello que esperan obtener.

▶ youtuber profesional: el rubius ha convertido una afición en su trabajo

¿A quién no le gustaría convertir su hobby en su trabajo? Él lo ha conseguido; ha podido convertir su pasión, los videojuegos, en su vida y su principal fuente de ingresos. Cuando tenía seis años le regalaron la primera consola y, desde entonces, no ha podido dejar de jugar. En uno de los directos para sus suscriptores, el youtuber madrileño, que ha estudiado animación 3D, comentaba que si alguna vez se acaba el sueño de YouTube le encantaría trabajar en el sector de los videojuegos: «*Aunque fuera llevando cafés en Konami y viviendo en Japón [...] Mi sueño dentro de 10 años es estar en una habitación, con un televisor gigante, el mejor ordenador del mundo y jugando a todas las cosas a las que no he podido jugar hasta ahora y tirarme días y días allí jugando*».

En YouTube, El Rubius es lo que se conoce popularmente como un *gamer*, aunque sus vídeos van desde los *gameplays* (vídeos que muestran

En el Glosario encontraréis las definiciones de trol y chatroulette.

la experiencia del jugador durante la interacción con el juego) hasta *sketches* con sus gatos (Raspberry y compañía) o Mangel, su inseparable amigo. También son famosos sus actos de trol (provocar a terceras personas para ver sus reacciones) y sus conexiones a chatroulette. com (un sitio web basado en la videoconferencia aleatoria con personas desconocidas), en las que interactúa con gente de todo el mundo para reírse un rato; esta es una de las secciones más queridas por los fans de El Rubius. También resulta entrañable y humorístico para el espectador el rollo que tiene con Mangel, con quien ha compartido piso y todavía comparte vivencias. Al final, los vloggers acaban contando siempre cosas de su vida privada; los visualizadores son muy cotillas y se acaba creando un vínculo muy estrecho entre unos y otros.

Lo cierto es que este joven español vive en YouTube desde su lanzamiento; durante los primeros años sus vídeos solo los veían sus amigos, como les sucede a la mayoría de los youtubers. No creáis que vuestro canal tendrá público desde el primer día; normalmente siempre existe un detonante que dispara un canal. En el caso de El Rubius, la explosión de su proyecto coincidió con los graciosos comentarios sobre el videojuego *Skyrim*, que él mismo compartía en la red. También son populares sus particulares observaciones de otros videojuegos como *Bully*, *Cube World*, *League Of Legends*, *Starcraft*, *Minecraft* o *Pokémon*, del cual se considera un auténtico friki.

Para crear vídeos valiosos, insistimos en que es necesario ser original, diferente y singular. Con el fin de dar un ejemplo claro de esto, nos basaremos en algo que El Rubius ha hecho muy bien: desmarcarse.

En primer lugar, su lenguaje no pasa por ningún filtro y suelta muchos tacos; expresa lo que siente y sus reacciones siempre son naturales. Resulta muy gracioso, aunque algunos puedan llegar a pensar que es desagradable. Muchas veces parece que se sorprenda a sí mismo con sus acciones. Disfruta haciendo vídeos y transmite diversión y euforia de una manera muy transparente. Las sensaciones que vive el propio Rubius traspasan la pantalla como si fuese de gelatina. Además, sus *gameplays* (que él llama *gayplays*) han sido pioneros. No busca descubrir trucos de los videojuegos, ni tan solo pasar pantallas: su objetivo es reírse con las tramas que viven los personajes de los juegos, ponerse en la piel de los protagonistas y conseguir que estos hagan el loco. Otro hecho que lo distingue son sus crónicas de videojuegos en un minuto: son relatos cómicos que describen el argumento de un juego para que un usuario pueda entenderlo mientras se parte de risa. ¡Rubén Doblas ha sido capaz de adaptar referentes humorísticos como los memes! Los introduce en sus vídeos e incluso los genera habitualmente con su rostro. Videojuegos, música, humor, locura, «trolerismo» y *feedback* con la audiencia son los ingredientes del cóctel mágico que lo han convertido en el número uno.

Hablamos de los memes en el Glosario.

En el *Glosario definimos* product placement

YouTube es un gran negocio gracias a la publicidad que muchas marcas colocan antes y durante los vídeos. Según el portal Social Blade, El Rubius podría estar ganando entre 182.000 y 2,2 millones de euros anuales.

Sin duda, ocupar la posición más alta del ranking de youtubers resulta muy goloso para muchas marcas comerciales. No tienen suficiente con el modelo de publicidad que les ofrece YouTube y, además, realizan otras propuestas directas a los vloggers. Aun así, por filosofía, o porque no le hace falta, El Rubius ha rechazado algunas ofertas para hace *product placement*. «*Si anuncias un paquete de pipas te damos pipas para el resto de tu vida, pero yo no quiero meteros publicidad*», contaba Rubén durante una emisión en directo por *streaming* a sus seguidores.

De hecho, El Rubius comenta que en España, las empresas y las personas importantes se están dando cuenta de que deben tener en consideración la plataforma de subir y compartir vídeos: «*Últimamente la gente se está dando cuenta por fin de que YouTube es importante. En Estados Unidos nos llevan cuatro años de ventaja. Para mí es más importante que la tele o que otros medios.*»

Para mí YouTube es más importante que la tele o que otros medios.

El joven youtuber es consciente del poder que tiene, de la masa que lo sigue y del triunfo alcanzado, pero se lamenta de no poder saborear todo lo que está viviendo: «*Las cosas van tan rápido que no puedo disfrutar de todo lo que me está pasando*», decía Rubén a sus usuarios.

Unos seguidores que, de momento, pueden estar muy tranquilos, ya que El Rubius continúa con ganas de seguir dando mucha guerra desde su sala de juegos y fiestas locas: «*No quiero dejar YouTube aparte para nada. Es lo que me hace feliz ahora mismo y no quiero meterme en otros líos, porque aquí me siento querido por vosotros y no quiero empezar a ser un chico de las marcas*».

Yuya

YouTuber: Yuya

Nombre real: Mariand Castrejon

Perfil: Make-up

Nombre del canal: lady16makeup

Otros canales: yuyacst (vida personal)

Cómo se dirige a sus suscriptores: guapuras

39 ⇩

También queremos hablaros de Yuya, una youtuber mexicana nacida en 1993 en Cuernavaca, que se ha convertido en la reina de los tutoriales de cosméticos, belleza y peluquería. Este es el vídeo más visto de su canal principal.

› la influencia de los vloggers

Su canal de YouTube es **lady16makeup** y ocupa el puesto 39 en el ranking mundial de suscriptores con ¡cerca de 5 millones de seguidores! Tiene más que Lady Gaga, Pitbull, Demi Lovato o Selena Gomez en sus canales de VEVO. De hecho, es la mujer con más suscriptores de América Latina y su número de seguidores en las redes sociales es espectacular: tiene 1,6 millones en Twitter y 2,3 millones en Facebook. Su influencia 2.0 es superior a la de muchos políticos o medios de comunicación. Por ejemplo, Mariano Rajoy, presidente del gobierno español, no llega al medio millón de seguidores en Twitter. También es cierto que el alcance territorial de la mayoría de los vloggers es transnacional y se extiende por una larga lista de países.

Todo empezó cuando Yuya tenía 16 años; miraba constantemente vídeos en YouTube, pero no colgó ninguno hasta que decidió presentarse a algunos concursos de maquillaje online. Después de perder varios, ganó su primera competición y eso la animó a seguir colgando material, el cual veía cada vez más gente.

En su canal principal hay consejos sobre maquillaje, moda, diseño de uñas, peinados, accesorios, decoración, cocina o respuestas a preguntas sobre el amor, entre otros asuntos. De vez en cuando, también aprovecha para cantar, ya que Yuya reconoce que este es uno de sus sueños frustrados. Aquí veréis cómo la vlogger celebró la cifra de 2 millones de suscriptores interpretando una canción con la colaboración de unos mariachis.

La Mariand destaca por su manera de contar las cosas: un timbre de voz muy agudo, su inconfundible acento mexicano, un tono muy femenino y una altísima dosis de simpatía y credibilidad. Todo ello hace que sus vídeos gocen de una singularidad y un alto valor en internet.

❯ yuya sabe conectar con sus seguidores

La youtuber, que estudió ballet y teatro, siempre comienza sus vídeos diciendo: «*¡Hola, guapuras! ¿Cómo están en el día de hoy?*». Tiene la costumbre de llamar «guapuras» a sus se-

guidores, ¡y eso le otorga posicionamiento y marca! Muchos vloggers buscan un nombre o un concepto para dirigirse a su público con el fin de alcanzar una identidad entre tantos competidores.

¿Cómo me puedo arreglar o maquillar para una ocasión especial? ¿Quieres aprender a teñirte el pelo como si fueses un profesional? ¿Cómo puedo conseguir una piel perfecta en veinte minutos? ¿Cómo puedo aprender a caminar con tacones? Y así, una larga lista de *tips* que la joven mexicana cuelga en la red dos veces a la semana: los miércoles y los viernes.

La popularidad de esta vlogger es tan grande que ya ha aparecido en revistas de moda como la prestigiosa *Vogue*; también la han invitado a shows televisivos como *México suena de noche* del grupo Televisa, ha intervenido como actriz en el videoclip del tema *Despiértame ya* del cantante Gabriel Salas e incluso ha sido nominada a los premios MTV Millennial Awards 2013 en la categoría de Icono Digital.

Yuya es una gran prescriptora en el sector de la cosmética y por ello muchas marcas le han hecho ofertas para colocar ciertos productos en sus vídeos. En una entrevista televisiva, la youtuber reconocía que, actualmente, su canal de YouTube se ha convertido en un gran negocio. Según el portal **Socialblade** esta joven mexicana podría estar ingresando entre 85.000 y 1 millón de euros anuales directamente de YouTube.

Muchas marcas de cosmética le han ofrecido colocar ciertos productos en sus vídeos

Así pues, ¡las cifras hablan por sí solas! Yuya ha conseguido fama, dinero e influencia gracias a YouTube, pero sobre todo a la constancia, la calidad de sus vídeos, su gran capacidad comunicativa y de conexión con la audiencia, además de su naturalidad y capacidad de convertirse en referente para muchos jóvenes, especialmente chicas adolescentes.

Actualmente, la carismática y querida Yuya tiene un segundo canal en YouTube titulado **aquínomemaquillo**, que comparte con su hermano Fichis y donde ambos hablan de situaciones más cotidianas y personales, lejos de los tutoriales de belleza.

Si os gustan los vloggers que crean contenido sobre belleza y cosméticos, os recomendamos algunos canales para aprender y absorber conocimientos de vuestro interés con el objetivo de mejorar las técnicas, comprar los productos adecuados y ahorrar dinero. Tomad nota: **Zoe Sugg**, **Weylie Hoang**, **Patricia Bright**, **Louise Pentland**, **Michelle Phan** o la española **Isasaweis**.

Luzu

YouTuber:	Luzu
Nombre real:	desconocido
Perfil:	vlogger universal
Nombre del canal:	luzuvlogs
Otros canales:	Luzuylana y luzugames

Luzu es el ejemplo de youtuber que ha encontrado la liberación profesional en la plataforma de vídeos filial de Google. Con 18 años estudió comunicación audiovisual en Pamplona, y antes de entrar en YouTube había trabajado en una distribuidora cinematográfica y en una productora de televisión. Aunque le resultaron experiencias muy enriquecedoras, eran trabajos de oficina que no le permitían desarrollar todo su potencial y se sentía atrapado en ellos.

Después del contacto con YouTube como espectador, decidió convertirse en emisor, en vlogger. *«En mi trabajo no me sentía con mucha libertad creativa y, para mí, YouTube representaba un mundo en el que podía romper con eso; podía hacer cualquier vídeo de lo que quisiera, hablar de cualquier cosa, crear el tipo de vídeo que me apeteciese»*, cuenta Luzu en un vídeo de su canal actual.

El 3 de julio de 2011 subió su primera creación en un canal que ya no existe, pero destaca que antes de hacerlo pensó intensamente la idea y el formato, y no comenzó a subir vídeos hasta que no tuvo una hoja de ruta predefinida:

«*Había pensado tanto en ello que estaba an-sioso por hacer el primer vídeo y subirlo. Sen-tía que sabía lo que tenía que hacer*». Durante un año, Luzu compartió vídeos cada semana, pero no los veía prácticamente nadie. «*El caso es que, tras un montón de tiempo con este ca-nal y después de analizar las cosas que hacía bien, mal y aquellas que podía mejorar, nació Luzublogs, el canal con el que estoy ahora*». YouTube le ha cambiado la vida: «*No concibo mi día a día sin YouTube, sin la interacción con la gente, sin pensar en ideas, sin grabar, editar, etc. Con YouTube he descubierto una forma de expresarme y de ser propietario de algo mío de verdad, en lo que nadie mete mano. Me apasio-na hacer vídeos y crear contenidos para You-Tube. Me ha permitido reinventar mi profesión haciendo que disfrute de ella mucho más.*»

Luzu cree que la plataforma ha provocado un cambio en el mercado de la producción y el consumo de los contenidos audiovisuales y también en la relación entre sus creadores y la audiencia: «*YouTube pone al mismo nivel a grandes y pequeños productores de contenidos y deja a la gente juzgar cuáles son los cánones de calidad, en oposición a sistemas como el televisivo, en el que se nos imponía ese canon sin mas opción que ver o no ver cierta programación. YouTube es, además, un lugar que permite un acercamiento entre el creador de contenidos y su audiencia de una manera honesta y transparente, algo que no se da de verdad en ningún otro medio; no es una simple página web».*

Si habéis visto sus vídeos, os habréis dado cuenta de que Luzu es un youtuber creativo, con grandes recursos comunicativos, un lenguaje fresco y cercano al usuario. Según el contenido que elabora, divide sus vídeos en tres canales:

luzuvlogs ➡ Él mismo dice que es un lugar donde hace el gilipollas, pero la verdad es que hay mucho más: también encontramos muchas de sus vivencias, pensamientos y reflexiones, los cuales reflejan su sabiduría.

luzuylana ➡ Un canal que comparte con Lana (de nacionalidad estadounidense), su chica. Responden dudas de los suscriptores, hablan de cuestiones relacionadas con la pareja, aportan consejos sobre belleza, entablan guerras de sexos, charlan sobre hábitos y generan contenidos ciertamente interesantes. La relación que tienen es muy entrañable, los suscriptores se identifican con ella y consigue entretenerlos.

YouTube es un sitio que permite un acercamiento entre el creador de contenidos y su audiencia de una manera honesta y transparente.

42 ⇩

43 ⇩

luzugames ➡ Dedicado a los videojuegos. El eslogan de este canal es: «*Doy bastante pena pero me lo paso muy bien*». En la descripción tiene lo siguiente: «*No soy ningún gurú de los videojuegos, solo me apetecía compartir con vosotros lo que ya hago por placer :) ¡Manteneos alejados de los Creepers* (uno de los enemigos del videojuego *Minecraft*)!».

Este youtuber nos contaba que es muy difícil identificar una receta para que un canal o un vídeo adquiera un éxito destacable. Pese a lo anterior, tiene claros algunos ingredientes que no pueden faltar: «*Si bien es cierto que la manera de comunicar influye mucho, creo que el verdadero secreto reside en el vínculo que se crea con el espectador. Podría decirse que la medida en que la audiencia se siente identificada con lo que ve, a la par que entretenida, es una unidad, la mejor para identificar el potencial de un formato*».

En su *Draw My Life* (vídeo que muchos youtubers crean para contar toda su vida mediante sus dibujos en una pizarra), Luzu reconocía que le encanta analizar las cosas y ver más allá de lo que observan sus ojos. Por esta razón, sus vídeos más visitados invitan a la reflexión sobre la vida, los objetivos de lo que hacemos o el éxito.

❯ **el caso de su vídeo "el camino del éxito"**

Es el vídeo más visualizado de todos los canales de Luzu (más de 1,5 millones de *plays*). Es un documento en el que habla sobre el concepto del éxito, la diferencia entre ganar dinero y el propio hecho de alcanzar un éxito, la importancia de las ideas y la posibilidad de hacerlas realidad aunque puedan parecer una fantasía. También se refiere a la transcendencia del esfuerzo, o a aprovechar el talento y trabajar las habilidades. Un vídeo muy motivador que gozó de una viralidad extraordinaria y se compartió incontables veces en las redes sociales.

Antes de colgar El camino del éxito, el canal de Luzu ya llegaba a miles de personas, pero sin duda la repercusión del citado documento acabó de disparar el canal y su número de suscriptores: «*A pesar de que mucha gente no lo crea, lo cierto es que el canal ya contaba con unos 60.000 suscriptores en el momento en que publiqué el vídeo. Si bien es verdad que ese vídeo tuvo mucho eco, fue visto por muchas personas que no eran necesariamente "usuarias de YouTube", por lo que se trataba de gente que veía ese vídeo y ninguno más. Creo que para analizar el éxito de un youtuber hace falta ver un dibujo más amplio de su trabajo. En cualquier caso, sí que supuso un punto de inflexión para mí, ya que me dio una muestra del poder que pueden tener los vídeos, y de la influencia que las ideas que plasmamos en ellos pueden tener sobre la gente*».

Efectivamente, YouTube tiene una capacidad mágica para conectar usuarios y comunicar sensaciones e ideas. Un poder que Luzu y otros youtubers han ido descubriendo poco a poco: «*A medida que he desarrollado mi trabajo en YouTube me he dado cuenta de la evolución que está teniendo y cómo, poco a poco, los patrones de consumo están cambiando. Es cierto que en el ámbito profesional aún no existe esta conciencia y sigue considerándose la televisión o la radio como los medios más potentes para llegar a la audiencia, pero con el tiempo las agencias de publicidad y las productoras se darán cuenta de que nada puede igualar la capacidad de plataformas como YouTube a la hora de llegar a la audiencia de una forma precisa*».

De alguna manera, el youtuber deja entrever que algunos medios de masas tradicionales pueden perder comba en favor de YouTube gracias a las ventajas que ofrece la plataforma. La audiencia de YouTube puede acceder a los contenidos del tipo y la duración deseados, sin demasiadas molestias exigidas por la publicidad. De hecho, el vlogger ya ha detectado que, cada vez más, los suscriptores piden vídeos más largos: «*Si bien es cierto que un vídeo corto puede hacerse más viral, la audiencia siempre pide más duración. Originalmente el espectador de YouTube veía vídeos en sus ratos libres, por lo que primaban los formatos cortos, pero cada vez más el contenido online está sustituyendo a las horas que se pasaban frente*

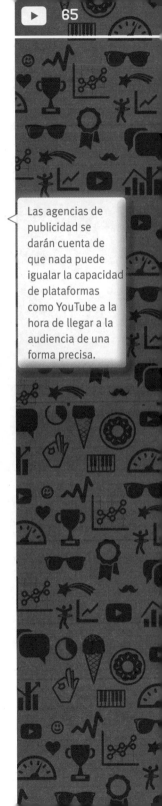

Las agencias de publicidad se darán cuenta de que nada puede igualar la capacidad de plataformas como YouTube a la hora de llegar a la audiencia de una forma precisa.

al televisor, por lo que es posible y necesaria la producción de formatos de mayor duración».

Los vídeos de todos los canales de Luzu (LuzuVlogs, Luzugames y Luzuylana) se han reproducido más de 42 millones de veces y ¡eso implica dinero! Aunque no nos dio una cifra exacta, reconoce que su chica Lana y él ganan dinero en YouTube: «*Sí, ganamos dinero. En este caso hay que tener en cuenta que muchos canales de YouTube tienen mejores números de audiencia que muchos programas de televisión, y debido a que se sitúan anuncios al comienzo de los vídeos, estos generan beneficios (aunque sean infinitamente inferiores a los televisivos)*».

Más allá de la cuestión económica, Luzu tiene claro que continuará con su trabajo de youtuber mientras le dé tantas satisfacciones, como la que tuvo en 2013 al ganar el premio Bitácoras al mejor vlogger de YouTube.

JPelirrojo

YouTuber: JPelirrojo

Nombre real: JuanMi Flores

Perfil: vlogger universal

Nombre del canal principal: jpelirrojo

Nombre del vlog diario: voyaporello

Nombre del canal de juegos: jpeligames

Nombre del canal de música: jpelirrojomusic

Cómo se dirige a sus suscriptores: rutilófilos

Quienes seguís YouTube ya debéis de haber notado que este joven pelirrojo de la generación de 1985 desborda talento por todos lados. JPelirrojo es uno de los vloggers españoles con más suscriptores. A primera vista, podría parecer un simple usuario que cuelga vídeos, pero después de navegar un rato por su canal, es fácil darse cuenta de que JPelirrojo es un artista muy versátil, capaz de dejar boquiabierto a cualquiera. Sus emociones, pensamientos, ideas o inquietudes encuentran su liberación en la música, la poesía, la interpretación o la magia. Es un artista.

Todo su talento se expresa en YouTube. En sus canales afloran opiniones sobre cualquier tema personal, además de asuntos sociales, consejos, anuncios sobre su propia vida, sketches, poemas, reflexiones, canciones, etc. Ver sus vídeos es sinónimo de acabar conociendo su vida, ya que no se calla nada. Destaca por

su capacidad comunicativa e interpretativa, su discurso fluido o la creatividad de sus vídeos, que, además, están muy bien editados.

Una vez más nos enfrentamos a un individuo virtuoso con una capacidad extraordinaria para conectar con sus suscriptores, a quienes llama *rutilófilos* (amantes de las personas pelirrojas, como él). De hecho, este vlogger madrileño suele comenzar sus vídeos con un «¡¿*Qué pasa, rutilófilos*?!» para, inmediatamente, dar paso al documento que toque cuando toque. ¡Los fans de JPelirrojo son unos afortunados! ¡El youtuber los tiene muy en cuenta y se refiere a ellos constantemente! Les hace preguntas secretas, que esconde en forma de breves textos en un fotograma determinado de sus vídeos, también admite sugerencias e incluso se deja someter a castigos por parte de sus seguidores; acepta sus retos y les habla de tú, haciéndoles partícipes de su trabajo, ¡pero también de su vida!

¡Tenemos la sensación de que JP no ha perdido nunca el tiempo! Perseguir sus sueños le costó un conflicto en su casa ¡y tuvo que salir a ganarse la vida! Después de trabajar mucho, pudo publicar su primer disco de rap, titulado *Phyxius*. Más tarde soñó en convertirse en actor de Hollywood y finalmente ha encontrado su mejor refugio en YouTube, donde, siempre que lo desee, puede ser actor, poeta, cantante o simplemente él mismo.

«En general, creo que los vloggers tenemos una especie de "falta de atención" y por eso hacemos lo que hacemos. Queremos ser vistos y comentados», reconoce JP. Aun así, muy pocos youtubers consiguen la repercusión de Juanmi Flores. ¿Cuál es el secreto? ¿Por qué este individuo llama tanto la atención de los usuarios? Él mismo nos descubre el misterio: *«Divertirte haciendo lo que haces. Cuanto más te apasione y te divierta lo que haces, más lo contagiarás, más constante serás, más horas le dedicarás, etc.»*.

Llegar hasta aquí no ha sido nada fácil. ¡Que nadie crea que el reconocimiento de hoy llega por arte de magia! JP ha trabajado sirviendo hamburguesas e incluso ha actuado en el metro de Madrid para poder sobrevivir. Esta base humilde le ha blindado de valores y fuerza, lo ha convertido en alguien perseverante y también le ha permitido apreciar, conservar y luchar por su actual condición de prestigioso youtuber. La relación entre JP y YouTube no se basa en el amor, sino que es claramente una

47

> Cualquier cosa que aprendo o que me pasa, deseo convertirla en un vídeo para enseñarla o mostrarla.

Encontraréis la definición de hater en el Glosario.

obsesión: «Si *no estoy grabando o editando un vídeo, estoy pensando en otro nuevo. Pienso en vídeos incluso cuando duermo. Mi chica (en YouTube, RoEnLaRed) dice que no sé desconectar y tiene razón. Cualquier cosa que aprendo o que me pasa, deseo convertirla en un vídeo para enseñarla o mostrarla*».

JP es único contando su vida desde esta ventana virtual. Se nota que se encuentra cómodo, que disfruta, que puede sacar lo mejor de sí mismo. Por todo ello, ¡los suscriptores de JPelirrojo lo adoran! ¡Se identifican con su vida y admiran su talento! Para ellos es un ídolo, e incluso le envían cartas con regalitos o quieren un autógrafo suyo. Muchas veces también lo reconocen por la calle: «*Especialmente los viernes y los sábados por la noche, cuando salgo por el centro de Madrid. Creo que lo más extraño que me ha pasado fue un día que me estaba meando encima y fui corriendo hasta que encontré un restaurante de comida rápida para poder ir al lavabo. Cuando salí, un chico y una chica me esperaban para hacerse una foto conmigo. Según parece, me habían seguido mientras corría buscando un váter*». Como siempre, cuando llegas a tanta gente y dices tanto lo que piensas, ¡también hay haters! «*Tengo detractores y a veces montan mucho ruido, pero es algo que se nota más en la red que en la vida diaria*», dice JP.

Si hoy estamos hablando de este joven pelirrojo es porque su obra es original y resalta en el universo youtuber. Ha sido capaz de sa-

car todo el juego posible a la plataforma y se ha convertido en un referente para las nuevas generaciones de vloggers. Visto de esta manera, y recogidas las cifras de su canal, se podría decir que JP ha triunfado. «*Creer que puedes conseguir tus sueños es el primer paso para hacerlos realidad*», comenta Juanmi Flores.

La relación entre JPelirrojo y YouTube es de absoluta simbiosis. El vlogger madrileño ha entregado tiempo y esfuerzos al portal de vídeos, pero también ha obtenido una valiosa recompensa: «*YouTube me ha dado muchísimas cosas. He encontrado a amigos increíbles, sin los cuales no podría vivir hoy; me ha permitido viajar o poder dedicarme a algo que realmente me gusta*». Pero ¿en qué momento pasó JP de ser un youtuber anónimo a un personaje popular? El mismo protagonista nos lo cuenta: «*Ha sido una escalera con muchos peldaños. No creo que haya habido un antes y un después más significativo que otro. Ha habido un cúmulo de diversos puntos de inflexión. Cuando PabloVlogs me introdujo en el canal colaborativo LaCentrall, cuando gané el YouTube NextUp, cuando colaboré con Luisito Rey, cuando saqué mi disco junto a mi hermano... Han sido muchos momentos que han provocado que todo esto fuera creciendo*».

Sea como sea, Juanmi Flores es un nombre propio del panorama youtuber nacional y eso es así por la calidad del contenido que comparte, por su capacidad de conectar con los espectadores y por su talento, que recoge en sus

canales. Este joven pelirrojo acumula una infinidad de horas delante de la cámara y millones de visualizaciones. Ha ganado dinero, popularidad y reconocimiento, además de algún detractor. ¡Y no tengáis miedo! Parece que hay JPelirrojo para rato: «*Seguiré colgando vídeos, especialmente en el canal VoyAPorEllo. Es una especie de documental de mi vida. Si hoy me encanta ver los vídeos de hace un par de años, no quiero ni imaginarme cómo será ver los que subo hoy de aquí a veinte años*».

¡Es evidente que este chico es un internet victim! De hecho, considera que el mejor invento del ser humano es internet y cree que YouTube ha sido capaz de usar de una manera brillante la capacidad de la red. Y nosotros añadimos que JPelirrojo ha aprovechado perfectamente el servicio de esta brutal plataforma de vídeos.

Loulogio

YouTuber: Loulogio

Nombre real: Isaac Sánchez

Perfil: vlog de humor

Nombre del canal principal: Loulogio

Nombre del segundo canal: CafeConLou

Cómo se dirige a sus suscriptores:
princesos y princesas

Es muy probable que todos hayáis sido espectadores de alguno de los vídeos que Loulogio ha colgado en YouTube. Es un tipo con una imagen singular, basada en un look desaliñado (casi tanto como su mente) y una espesa barba. Un «coco» que Lou exprime para crear vídeos llenos de humor, crítica y parodias.

Loulogio comenzó en YouTube cuando la plataforma no tenía la repercusión actual. No era, ni de lejos, lo que es hoy: *«La gente subía vídeos de su primera comunión o su gato y yo subía vídeos para mis amigos».* «Lou», que es un *showman*, hacía algo muy curioso: grababa vídeos, los planchaba en CD, los llevaba a casa de sus colegas y juntos los visualizaban. *«Cuando descubrí YouTube vi que esta herramienta nos permitiría ver tranquilamente los vídeos que grababa desde casa. De repente, mis amigos empezaron a compartir mis creaciones y un vídeo que debían ver unas pocas personas lo acababan viendo miles.»*

Después de esta etapa, Lou hizo una pausa de dos años porque creía que hacer vídeos era una tontería, pero de repente descubrió que había una página de fans que lo reclamaban: «*Me hizo ilusión y me decidí a volver a colgar vídeos. En esta segunda etapa sí que empecé a petarlo y decidí quedarme*». Loulogio aún recuerda aquella época en que 1.000 visualizaciones de un vídeo te colocaban entre los más vistos del continente; «*en la actualidad necesitas 2 millones de reproducciones para que pueda considerarse que tu vídeo destaca especialmente*».

Su humor ácido, plagado de tacos y referencias constantes al sexo, lo convirtió enseguida en el referente de un público cansado de la corrección de los medios tradicionales. La esencia de su estilo reside en los vídeos más vistos de su canal principal, los cuales marcaron un punto de inflexión en su carrera de youtuber y trazaron un antes y un después en la historia de YouTube en España:

la batamanta ➡ (subido el 25 de abril de 2010. Acumula más de 6.000.000 de visualizaciones): Es la parodia de un anuncio de esta manta con mangas, en que Loulogio finge ser el locutor que describe el producto para venderlo a un supuesto comprador, mediante frases del tipo «*¿Tienes frío, eh, perra?*».

la mejor escena de ninjas de la historia del cine ➡ (subido el 17 de enero de 2012. Acumula cerca de 6.000.000 de visualizaciones): Loulogio analiza la escena final de una película coreana, en la que unos ninjas luchan con unas llaves carentes de realismo.

pajilletor plus ➡ (subido el 15 de julio de 2010. Cerca de 5,5 millones de visualizaciones): Parodia de un anuncio de teletienda que promociona una peculiar pesa, la cual tonifica los músculos del brazo mediante unos amortiguadores. ¿Cómo será este aparato visto por los ojos del gran Loulogio?

El humorista, que antes de todo esto era profesor de pintura y hacía monólogos en bares, también ha hecho historia por su serie de parodias del programa de manualidades *ART ATTACK*, presentado por Jordi Cruz.

Está claro que la popularidad conseguida en YouTube le ha servido para abrirse muchas puertas fuera de su habitación: «*Recuerdo cómo, de repente, los monólogos que hacía para 10 personas comenzaron a atraer a más gente y actualmente estoy llenando teatros con capacidad para 600 personas*». Su talento ha traspasado YouTube. Sus espectáculos en teatros se han visto ya en todos los rincones del país y es artista de plantilla de la productora audiovisual Zoopa, especializada en teatro y televisión, cuya cara visible es Santi Millán.

Precisamente, Zoopa está detrás de la producción del primer proyecto televisivo de Loulogio, junto con Bolli, Roc y el monologuista Javi Sancho. El programa, iniciado en noviembre de 2013, se titula *Fiesta suprema* y es un magazine de humor y cultura alternativa que se

Los auténticos youtubers no tienen tele. La ven como un invento del siglo pasado.

emite simultáneamente en la pequeña pantalla (Televisión Española) y en internet. A priori, esta doble emisión podría parecer innecesaria, pero si hacemos caso a las palabras de Lou, todo tiene un sentido: «*Los auténticos youtubers no tienen tele. La ven como un invento del siglo pasado. ¿Por qué quieres esperar que una cadena te ponga un contenido cuando ella quiera, si lo puedes tener cuando lo desees sin publicidad?*».

Loulogio, que ahora tiene fans en México, Argentina, Reino Unido o Rusia, fue uno de los primeros youtubers que creyó en el poder real de la plataforma. El cómico barbudo ha triunfado porque ha sido fiel a la filosofía que cree que debe tener todo vlogger si quiere tener suscriptores: «*Tienes que ser auténtico y ofrecer una cosa realmente tuya. Debes ser honesto y regular*».

Su obra es extensa y se divide en dos canales: el de siempre, titulado Loulogio, y otro llamado *CafeConLou*, en el que la idea era compartir un café diario, «paridas» y reflexiones desde el 17 de septiembre de 2012 hasta el 17 de septiembre de 2013. El reto, que no pudo ser alcanzado por culpa de su ocupadísima agenda, nos ha dejado perlas como *Eres gilipollas* o *La lechuga está pocha*.

Míster Jägger

YouTuber: Míster Jägger

Nombre real: desconocido

Perfil: vlog de humor surrealista

Nombre del canal: Míster Jägger

«*Dejar a la cabeza que se vaya de fiesta.*» Esta es la filosofía del canal de Míster Jägger, otro de los youtubers más seguidos de España. Sus vídeos reúnen locura y surrealismo, ¡y no dejan indiferente a nadie! Su discurso destaca por el tono irónico, rompedor y sin escrúpulos. Es un joven camaleónico capaz de ponerse en la piel de una lista interminable de personajes que interactúan entre sí para hacernos vibrar y sobre todo reír. El vlogger nos cuenta que su inquietud artística ya le corría por las venas desde niño: «*Ya desde canijo inventaba mis propias obras de teatro en el colegio. De una forma u otra, siempre he expresado lo que crecía en mi cabeza, así que lo de coger una cá-*

mara y mostrárselo a completos desconocidos es algo que iba a ocurrir antes o después».

Solo hay que ver un vídeo de Míster Jägger, que ha estudiado psicología, para darse cuenta de que su cerebro es capaz de producir guiones muy potentes, plagados de gags que se insinúan y divierten a los espectadores más atentos: «*El verdadero esfuerzo y mérito está en crear un guión con chicha, en hacer crecer una idea, enriquecerla y plasmarla sobre el papel*», explica el youtuber.

Las tramas de sus vídeos son elaboradas y sorprenden por sus contrastes entre la calma y ¡la caña! Los vídeos de este vlogger español ofrecen momentos muy explícitos y descarados, a veces asquerosos, y sin demasiados formalismos; de hecho, su talante desacomplejado ha creado escuela y se ha convertido en un referente.

Precisamente porque sus producciones son complejas en cuanto a guión, personajes o vestuario, Jägger nos comenta que puede tardar unos cuantos días en tener listo cada vídeo: «*Una vez tengo un guión en la mano, transformarlo en un vídeo (producirlo, grabarlo y editarlo) suele llevar entre dos y cuatro días, con unas diez horas de trabajo cada uno. Pero luego cada vídeo es un mundo*». Que nadie crea que ser youtuber está chupado.

Cada pieza creada por Míster Jägger nos lleva de viaje a un mundo paralelo de locura y surrealismo. Son famosas sus versiones cinematográficas (de *El Padrino*, por ejemplo) o la serie original *Finzo* y *Funzo*, la historia de dos hermanos perdidos en el bosque, interpretada y creada por el mismo Jägger.

Sobre su estilo cínico, Jägger comenta que «*al principio había gente que me insultaba por las bromas... políticamente incorrectas. Ahora la gente ya sabe de qué va el rollo y no se ofenden tanto. Aun así, diría que el campo creativo es mi fuerte (tanta almendra tiene que servir para algo, ¿no?); también intento mimar el aspecto técnico*».

Sea como sea, su obra, que ha recibido el apoyo de otros youtubers destacados como JPelirrojo o Loulogio, se ha reproducido decenas de millones de veces y su popularidad ha crecido hasta el punto de que lo llegan a reconocer por la calle: «*Así es, así es. Mientras no me reconozca nadie que quiera matarme, está todo bien*», comenta el youtuber en tono de broma.

Jägger, que no ha querido revelar su nombre real, confiesa que ha ingresado dinero de YouTube, pero que no son cantidades demasiado importantes: «*Quizá si subiera el triple de vídeos al mes, podría plantearme ganarme la vida con YouTube*», apunta el vlogger. Finalmente, de su aventura virtual, este intrépido realizador audiovisual tiene muy claro lo que más habrá valido la pena: «*Gracias a YouTube se conoce a muy buena gente. Creo que es de los mejores recuerdos que me va a dejar todo esto*».

Cada vídeo es un mundo.

56

Sr Chincheto 77

YouTuber: Sr Chincheto 77

Nombre real: Miguel Ángel Salcedo

Perfil: Gamer

Nombre del canal principal: Sr Chincheto 77

No somos plenamente conscientes de la responsabilidad que tenemos cuando regalamos algo a un ser querido. No nos imaginamos que quizá, con este regalo, ¡le estamos cambiando la vida! Marc Márquez pedía una moto con 4 años, sus padres se la regalaron y hoy es tricampeón mundial de motociclismo.

Salvando las distancias, esto es lo que le pasó a Miguel Ángel Salcedo, más conocido como Sr Chincheto 77 (Señor de los Apeluchables) cuando su chica le regaló una videoconsola, la Xbox360, y empezó a aficionarse a ella. Hoy en día es uno de los gamers españoles que ha sabido hacerse un sitio en YouTube: «*Fui a una tienda GAME y me ofrecieron los juegos* Bio Shock, Gears of War *y* Assassins Creed II. *Me encantaron y me compré* Assassins Creed BrotherHood *–que era el primer AC con multijugador– y jugando coincidí con un chico canario, conocido como Jugador Canario, que tenía un canal en YouTube con 400 suscriptores. A partir de aquí me animé a ir subiendo gameplays de* Starcraft 2 *y de* Battlefield Bad Company 2, *poco a poco fui colgando más vídeos y ganando suscriptores hasta hoy*», nos cuenta Miguel.

Actualmente, a fecha del día en que lo hemos entrevistado, tiene 377.788 suscriptores y sus vídeos han tenido 46.174.255 reproducciones. Y creó el canal en 2012. Tiene 36 años, nació y vive en Madrid y cuando le preguntamos por sus estudios nos responde que no acabó la universidad. Miguel es consciente de que internet ofrece muchas oportunidades y sabe qué es lo que más éxito tiene entre sus seguidores: «*Les encanta y también disfrutan mucho jugando con nosotros al* League of Legends, *que es uno de los juegos que ahora mismo subo más*».

Nos cuenta que el target de sus seguidores es un hombre de entre 13 y 20 años y reconoce que sí siente responsabilidad cada vez que cuelga un nuevo contenido al saber quiénes son sus seguidores: «*Tengo 36 años y hay muchos chavales que nos consideran sus ídolos, y tienes que dar ejemplo; aunque se me escape algún taco, intento moderarme en ese sentido*». De todas maneras, le sorprende el tipo de vídeos que genera más reproducciones porque, en la actualidad, por ejemplo, el que ha tenido más éxito fue un directo especial que hizo con sus amigos de L3TCraft en el cual atracaban un banco de manera cómica. Y su segundo vídeo con más visualizaciones es un mapa de *Minecraft* basado en *Mario Bros*. «*Nunca habría imaginado que llegaría a tener tantas reproducciones y, de hecho, no sabría definir qué hay que hacer para tener un vídeo de éxito porque creo que deben conjugarse muchas variables para llegar de golpe y porrazo a 1.000.000 de reproducciones... Intento ser natural y no pen-*

sar en lo que voy a grabar, me siento, aprieto la tecla de grabar ¡y lo que salga!», nos revela Miguel. Quizá no sabe definirnos exactamente la clave del éxito de sus vídeos, pero sí a él mismo: «*Constante, diferente y variado porque mi canal tiene toda clase de juegos*».

Una de las cosas que produce más curiosidad cuando empiezas a mirar partidas multijugador son los encuentros entre amigos, y hemos preguntado a Miguel qué relación tiene con estos otros youtubers: «*Cuando quedamos es porque ya nos conocemos y nos caemos bien. Es como la vida misma, cuando te vas a tomar unas birras con alguien a quien has conocido es porque te llevas bien con él; si no, no vas. Pues es lo mismo*».

Dice que tiene poco tiempo para ver canales de otros youtubers, pero cuando lo tiene mira MinecraftZaragoza (Tonacho), Alexelcapo, coollife y Sarinha. Los vídeos de Miguel tienen un denominador común con otros youtubers: el humor. Cuando le preguntamos de dónde saca la inspiración para generar nuevos contenidos para sus vídeos y cómo se organiza, nos dice: «*He visto toda la vida a Gila, Martes y Trece, Cruz y Raya, Les Luthiers, Chiquito, etc. Por otro lado, la inventiva también sale de mi cabeza, que va a 20.000 rpm y no dejo de pensar en cuál será la siguiente cosa que haré*».

Precisamente esta inquietud, este ánimo de superación y de colgar contenidos en YouTube le han llevado a «*seguidores, fama, que las empresas nos contacten para que subas uno de sus juegos, que nos los regalen, que hagamos* promociones, que viajemos...». Pero como todo en la vida, tiene una parte buena y otra menos buena: «*Lo peor es el tiempo que te roba, podría dedicarle 24 horas al día a YouTube y, aun así, seguramente me quedarían cosas por hacer. A veces hay que saber desconectar*».

Todos sabemos que desconectar del «trabajo» no siempre es fácil, pero es que en su caso, además, el Sr Chincheto 77 tiene mujer y dos hijas y «*no me puedo permitir el lujo de dedicarle todo el tiempo que querría, ni tan solo de vivir solo de lo que me da económicamente. Por eso tengo un trabajo mucho más estable*».

Y, finalmente, lo que más nos interesa es saber qué piensa un usuario de YouTube sobre su futuro: si evolucionará, si morirá... ¿Quién mejor que los propios generadores de contenidos para ser visionarios y que nos den su opinión? «*En dos años, creo que el crecimiento será el mismo que hasta ahora, todo el mundo conoce ya YouTube y saben qué puede ofrecer, está en nuestras manos el hecho de continuar aportando nuevos contenidos o cerrar el canal por agotamiento o porque la gente deja de verte. Cada youtuber es un canal de TV a la carta por internet que podrán ver en el momento que quieran. En cinco años espero no haberme quemado y me gustaría seguir en el sector, pero no sé si me veo de aquí a 40 años subiendo vídeos. Ahora, ¡jugando seguro que sí!*» Para acabar, Miguel nos dice una frase que él suele decir siempre a sus seguidores y que le gusta mucho: «*Uno se hace viejo cuando deja de jugar, no deja de jugar porque se haga viejo*».

Uno se hace viejo cuando deja de jugar, no deja de jugar porque se haga viejo.

Elvisa Yomastercard

YouTuber: Elvisa

Nombre real: Álvaro

Perfil: Personaje ficticio

Nombre del canal principal: ElvisaYomastercard

Cómo se dirige a sus suscriptores: amigos

Su nombre real es Álvaro, pero en la red todo el mundo lo conoce como ElvisaYoMastercard. Es un personaje ficticio procedente de Narnia (un mundo de fantasía) que llega a la Tierra para enseñarnos a mejorar nuestra vida cotidiana con un montón de tutoriales de gran utilidad. Su aventura en YouTube comenzó el 27 de enero de 2011 colgando un tutorial que enseñaba a toser a los usuarios. El segundo cero de aquel vídeo supuso el inicio de una leyenda que responde a un entrañable individuo femenino capaz de conectar con los internautas mediante su sencillez y generosidad. Sin complejos y muy solidariamente, Elvisa llena su canal de videoconsejos útiles para todo el mundo, capaces de enseñarnos acciones tan esenciales como utilizar un bolígrafo, decir *Pamplona* con una magdalena en la boca, abrir una caja de cereales o disimular un pedo, entre muchas otras.

Nadie puede negar que el contenido de sus vídeos es de lo más útil y, de hecho, muchos de sus suscriptores agradecen constantemente sus consejos con comentarios de reconocimiento a su tarea educativa, vestida con humor, ironía y entretenimiento. Sus visitadísimos vídeos pueden solucionarnos momentos tan delicados como la reacción adecuada cuando nos regalan algo que no nos gusta.

Lo que a muchos les puede parecer una tontería ¡se ha convertido en un fenómeno con una audiencia millonaria! El número de visualizaciones de cada vídeo que comparte en su canal tiene al menos seis cifras, aunque su documento más reproducido supera los 2 millones de clics. ¿Y de qué va? Pues Elvisa explica a sus seguidores *Cómo recuperar la dignidad tras caernos accidentalmente*; también hay otros documentos de valor, como el que enseña a cruzar un paso cebra o ¡a cantar en tirolés! Es imposible mantenerse indiferente viendo los tutoriales de la gran Elvisa, ya que muchas veces, como espectador, resulta surrealista ver que esta «chica» te enseña cosas tan básicas o desconcertantes.

Álvaro invoca su álter ego enfundándose en un vestido de mujer y luciendo una peluca de color castaño. De inmediato se planta delante de la cámara y se graba él mismo siguiendo una fórmula repetitiva, ¡pero muy efectiva! El personaje de Elvisa siempre comienza sus tutoriales diciendo «*¡Hola, amigos! En este vídeo voy a enseñaros cómo...*» y, entonces, ofrece la lección que toque. El saludo es muy singular, ya que sin excepción, acompaña el momento abriendo las manos de par en par y mostrando las palmas. Una vez que se ha metido a los suscriptores en el bolsillo con uno de sus divertidí-

simos consejos suelta un «*y ya está...*» cargado de seguridad, para justo después desearles que les haya gustado el tutorial.

Aunque solo cuelga vídeos cuando tiene tiempo y le apetece, Álvaro es consciente de que hay muchos fans que esperan una nueva entrega de sus videoconsejos. Nos ha reconocido que la clave del éxito es ser uno mismo y tener unos buenos canales para difundir los contenidos: «*No basta con una buena página de Facebook, hay que ser constante y marcar la diferencia*», asegura Elvisa.

Su notoriedad y su popularidad como vlogger han conseguido que hablasen de él incluso en la televisión. Lo sacaron en el programa *Sé lo que hicisteis*, donde se rieron de sus tutoriales y su estilo sin demasiado respeto. Le dijeron, entre otras cosas, que elaborase un tutorial sobre cómo apagar una webcam. Enseguida, como si se tratara de un ejército, un montón de fans de Elvisa salieron a defenderla enviando mensajes negativos contra el programa, creando páginas de Facebook favorables al vlogger, etc.

Sus seguidores la defendieron masivamente cuando un programa de televisión se burló de sus tutoriales.

¡Por suerte, su figura ha provocado muchas emociones positivas a los usuarios de YouTube! Ha sido el artífice de un montón de carcajadas y mucha gente se ha interesado por sus movimientos en la red. Álvaro, o si lo preferís Elvisa, no ha tenido nunca ingresos suficientes para vivir solo de YouTube, pero reconoce que el dinero que genera su canal supone una gran ayuda.

Enzo Vizcaíno

YouTuber: Enzo Vizcaíno

Nombre real: Enzo Vizcaíno

Perfil: Humor y sus cosas

Nombre del canal principal: EnzoVizcaíno

Una melodía optimista, su voz rota y un ukelele, que aprendió a tocar de manera autodidacta, son los ingredientes del vídeo que popularizó a nuestro siguiente protagonista: Enzo
Vizcaíno. Este joven, nacido en mayo de 1989
en el municipio alicantino de Petrer y residente en Barcelona, decidió que quería destacar
entre tantos millones de parados españoles y
buscar trabajo cantando su currículum vitae
en el metro de la capital catalana (también lo
hizo en el de Madrid). Esto es lo que Vizcaíno escribía en su blog (http://creiaqueeramo-
samigos.com) en el momento de compartir el
vídeo: «*Las fotocopias se han puesto carísimas.
Y yo no puedo permitirme seguir gastándome
dinero en copias de mi currículum para que, en
el mejor de los casos, acaben en el contenedor*

de reciclaje azul. Por eso, he decidido ofrecer mis servicios en el metro, cantando con el ukelele mi currículum vitae».

Esta es la letra de la canción que interpretó en el vagón para grabar el famoso vídeo:

Licenciado en periodismo
y un diploma de posgrado
que he traído aquí doblado,
por si usted lo quiere ver.

Formación complementaria:
Un curso online, que vi en Groupalia,
de Community Management.

Ya soy experto en Twitter, Facebook, Pinterest,
LinkedIn y MySpace.

Experiencia profesional
en una radio comarcal,
con contrato de becario,
por supuesto, sin cobrar.

Y así que no sea de lo mío,
también he hecho de comercial,
he trabajado en un call center,
y de cajera en Media Markt.

En cuanto a idiomas le diré:
Tengo un buen nivel de inglés,
I used to fly with Ryanair.

Parlo anche italiano,
livello amore de verano,
y pillo algo de francés.

Soy el rey del Word,
del Excel y del PowerPoint.
También controlo el Photoshop.

No echen mano al monedero,
no vengo a pedir dinero.
Aunque quizá usted, un amigo o un familiar...

Necesita un periodista, guionista,
escritor o redactor,
músico compositor...

O quizá andan buscando un servicio más trivial.
También me sé arrodillar,
y por un precio especial
hasta me dejo azotar.

Para más información,
siempre a su disposición,
mi perfil en InfoJobs.

En mayo de 2013, el periodista, licenciado por la Universidad Miguel Hernández de Elche, entró en un vagón de metro para demostrar su talento, valentía y creatividad. Su intención no era que ningún pasajero le ofreciese un trabajo, ni siquiera una moneda; su objetivo era grabar el vídeo para enviarlo a empresas y productoras: «*Tengo un posgrado de guionista y quería mostrarles qué era capaz de hacer*», comentaba Vizcaíno.

El joven demostró ser un individuo listo y emprendedor, consciente del poder de las redes sociales y del hecho de que era necesario ac-

Colgué el vídeo del currículum un lunes por la noche y al día siguiente ya se había convertido en un viral.

tivarse y pensar en una manera de encontrar alguna ocupación lejos del sofá. Poco después que Enzo Vizcaíno colgase su vídeo en YouTube, las visualizaciones del documento ya se contaban por miles y todo el mundo lo compartía en las redes sociales: «*Lo colgué un lunes por la noche. Empecé a ver cómo muchos amigos y conocidos lo compartían por Facebook y Twitter. Al día siguiente ya se había convertido en un viral y salía en los medios de comunicación de ámbito nacional; recibí llamadas de las principales radios y televisiones del país, pero no solo eso, el vídeo también fue noticia en Europa, Estados Unidos y, sobre todo, en América Latina*». Nadie podía imaginarse que aquello que había grabado en el metro tendría esa repercusión y el éxito abrumó al joven alicantino: «*¡Resultó extraño recibir tantas llamadas y mensajes así de repente! También me llegaron muchos textos de ánimo de gente que se sentía identificada con mi situación. Incluso hubo algunos comentarios que insinuaban que el vídeo era un montaje de alguna gran compañía; me hizo gracia ver cómo le gusta a la gente conspirar y desconfiar*».

Después de todo esto, Enzo Vizcaíno consiguió el objetivo que se había propuesto. El vídeo de YouTube le aportó notoriedad y entrevistas en programas de televisión como el que presentaba Florentino Fernández en La Sexta, titulado *Así nos va*. Allí Enzo Vizcaíno cantó una versión de su currículum en la que pedía a Flo que lo contratase. Poco después lo llamaron para incorporarse al equipo de guionistas del

programa, de manera que su propósito se hizo realidad.

Para empezar, el joven periodista consiguió un contrato de un mes pero, poco después, el programa dejó de emitirse y Enzo recuperó su antigua condición de parado. También ha podido colaborar escribiendo artículos en el portal Gonzoo.com, del grupo 20 Minutos, y en noviembre de 2013 comenzó a trabajar en otro proyecto en Televisión Española; un programa de la productora Zoopa titulado *Fiesta suprema*, en el que también colaboran otros talentos nacidos en YouTube como Loulogio, Outconsumer (Roc) o Todoelmundoesorgasmo (Bolli). Aunque muchos lo recuerden como el chico que buscaba trabajo cantando en el metro de Barcelona, a Enzo no le preocupan las etiquetas: «*El vídeo del currículum me dio cierta popularidad y, como estoy orgulloso de él, no me preocupa lo que piensen. De hecho, supongo que este vídeo fue el primer paso para hacer muchas otras cosas, entre ellas* Así nos va, Fiesta suprema *o esta entrevista. Además, también me ha permitido conocer a gente que admiro y trabajar con ellos*».

El ejemplo de Enzo Vizcaíno demuestra que el currículum en papel está muerto y que para convencer a los directivos de las empresas o a los jefes de personal hay herramientas mucho más útiles, como un vídeo de YouTube exhibiendo tu talento.

Salvador Raya

YouTuber: Salvador Raya

Nombre real: Salvador Raya

Perfil: Noticias, curiosidades y tutoriales

Nombre del canal: SalvadorRayaOficial

Salvador Raya es uno de los vloggers más inocentes y controvertidos de la red. Aunque no destaca por tener una cifra de suscriptores demasiado elevada (cerca de 30.000), su nombre merece una mención singular en este libro por la viralidad de algunos de sus vídeos y porque su trabajo sirve de ejemplo para mostrar que YouTube es el medio ideal para las iniciativas amateurs. Una prueba de que el poder está al alcance de todo el mundo que tenga algo que decir y disponga de una cámara. Y eso que su carrera de youtuber arrancó por el aburrimiento: *«Un día que estaba aburrido en casa, me puse delante de la webcam y empecé a hablar y a hacer tutoriales y noticias»*, nos cuenta.

Este joven cordobés de la cosecha del 92 graba tutoriales de todo tipo: nos enseña a aliñar aceitunas, a hacer botellón, a ponernos guapos, a adiestrar perdices, a educar a nuestros hijos o incluso a afeitarnos, entre muchísimas cosas más. Lo mejor del caso es que instruye a su público sin ser un experto en ninguna de estas materias o sin haber puesto en práctica la lección. De hecho, sospechamos que hay pocos usuarios que aterricen en el canal de Salvador Raya con la etiqueta de alumno.

La mayoría de sus espectadores tienen curiosidad por ver cómo el vlogger inventa nuevos tutoriales o de qué manera cuenta las noticias de última hora con su habitual saludo: «*Hola, ¿qué tal? ¡Muy buenas tardes a todos!*». Un informativo sin pantallas video wall, ni traje de ejecutivo, ni operadores de cámara, ni realizadores. El único decorado que acompaña al youtuber está formado por los muebles de su humilde habitación, el atrezzo de algunos de sus tutoriales o la presencia de su mascota, una perdiz llamada Currito que aparece en algunos de sus vídeos más famosos. «*Os recomiendo que pongáis una perdiz en vuestra vida*», decía el vlogger en uno de sus populares tutoriales. Un marco que, involuntariamente, lo ha convertido en un personaje entrañable y querido, pero también en víctima de burlas y comentarios despectivos de algunos internautas de YouTube u otras páginas web que permiten la participación de los usuarios: «*Es lo que me he buscado*», comentaba Salvador.

Para entender algo más su inconfundible estilo, os invitamos a echarle un vistazo a uno de sus tutoriales para ligar, que aunque dudamos que funcione, acumula cerca de 800.000 reproducciones:

Sin un discurso fluido y con un marcado acento andaluz, Salvador Raya ha colgado alrededor de un millar de vídeos en la red, entre los cuales también encontramos entrevistas por videoconferencia (a Alberto Canosa, Torbe, Angelysaras, Pablo Iglesias o Loulogio), reflexio-

nes, curiosidades que encuentra por internet o canciones como la del *WhatsApp*, en la que versiona el *Ai se eu te pego* de Michel Teló. Este último es el vídeo más visto del canal oficial de Salvador Raya con más de un millón de visualizaciones que provienen de gente que ha presenciado el poco ritmo y talento interpretativo del joven vlogger, quien reconoce que se vio sorprendido por el éxito del tema, ya que no le llevó mucho trabajo crearlo: «*Inventé la canción en menos de 20 minutos*», nos comentaba.

Y en la misma línea se encuentra *El rap del Mistol* (aproximadamente 250.000 visitas), una canción en la cual Salvador Raya, ataviado con un sombrero y unas gafas de sol, explica las virtudes de este producto desengrasante a ritmo de hip hop.

Por su naturalidad y espontaneidad, porque hace reír, porque genera curiosidad a los usuarios, porque no tiene vergüenza ni sentido del ridículo, porque es entrañable y diferente, Salvador Raya se ha ganado una merecida popularidad que no le reporta una gran cantidad de dinero, pero le permite disfrutar de una aventura comunicativa inolvidable, al alcance de muy pocos.

Seguramente, él mismo es consciente de que su contenido no pasará a la historia por realizar una gran aportación a la humanidad o por su exclusividad; simplemente Salvador Raya creó su cuenta para hacer lo que más le gusta: «*Estudié fotografía, pero lo dejé porque me di cuenta de que me gustaba informar y comunicar*», una actividad que puede desarrollar gracias a YouTube y que le ha servido para recibir el reconocimiento público de algunos medios de comunicación, tener éxito e incluso ser uno de los invitados al YouFest 2012, un festival de new media con las mayores estrellas mundiales de YouTube.

Focusings

YouTuber: Focusings

Nombre real: Mel Domínguez

Perfil: Vlog personal de humor

Nombre del canal: focusingsvlogs

Cómo se dirige a sus suscriptores: Chipirones

Se llama Melody Domínguez, aunque ahora ni su madre la llama así. Todo el mundo la conoce como Mel, aunque en la red utiliza el seudónimo de Focusings, nombre que se explica por su amor a la fotografía. Es el caso de una youtuber de éxito con conocimientos del mundo audiovisual, ya que, después de acabar el bachillerato, Mel se lanzó de cabeza a realizar el grado superior de Imagen.

Teniendo en cuenta que hablamos de vídeos, parece que todo encaja. Colgó su primer vídeo en YouTube el 6 de enero de 2013 hablando sobre los prejuicios que tienen algunos sobre la gente delgada. «*¿Por qué si eres capaz de morderte la lengua cuando ves a una persona gorda, no puedes hacer lo mismo cuando te encuentras a una chica muy delgada? –se pregunta Mel–. ¡Hola! Soy delgada, ¡no anoréxica!*» sigue. De hecho, así tituló su primer vlog: Soy delgada, ¡No anoréxica!. Es una usuaria que se hace muchísimas preguntas y también emite algunas sentencias, como cuando dice a sus suscriptores que tienen que «*luchar por sus aspiraciones en la vida*», revisando su pro-

pia experiencia. «*He notado que a la gente le gusta que suba vídeos que no solo los entretengan, sino que les inspiren y motiven para cumplir sus objetivos –nos dice–. Es algo que a mí también me gusta ver en YouTube: gente positiva que te contagia su alegría y sus ganas de ir a por todas*», añade.

El caso de Focusings recuerda al de las personas que escriben su día a día en un diario. Mel «vomita» en YouTube las experiencias presentes y pasadas que de alguna manera la han marcado, como cuando habla sobre «los tipos de clientes», a partir de su experiencia como promotora de aspiradoras en un supermercado. Volviendo al tema del diario, nos ha reconocido que escribe uno desde que hizo la primera comunión.

¡Esta chica conecta de una manera muy especial con los internautas! Los temas que trata son muy cercanos y es fácil que cualquier persona pueda identificarse con títulos tan sugerentes como *Tíos asquerosos* o *El clítoris, ese gran desconocido*. No tiene ni un solo pelo en la lengua, pero a la vez lo dice todo de manera muy educada y sin perder el sentido del hu-

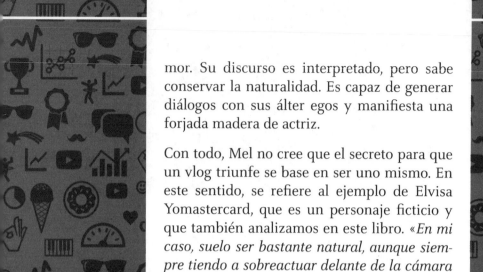

mor. Su discurso es interpretado, pero sabe conservar la naturalidad. Es capaz de generar diálogos con sus álter egos y manifiesta una forjada madera de actriz.

Con todo, Mel no cree que el secreto para que un vlog triunfe se base en ser uno mismo. En este sentido, se refiere al ejemplo de Elvisa Yomastercard, que es un personaje ficticio y que también analizamos en este libro. «*En mi caso, suelo ser bastante natural, aunque siempre tiendo a sobreactuar delante de la cámara para animar un poco lo que cuento*».

▶ el caso del vídeo de la catalanofobia

Precisamente, uno de sus «discursos» fue presenciado por más de 2 millones de internautas, llamémosles espectadores. Un día Mel, que es una andaluza residente en Barcelona, quiso explicar a sus suscriptores que hay algunos tópicos sobre los catalanes que muchos

españoles entienden mal; por ejemplo, que todos los catalanes odian a los españoles, que en Cataluña solo se habla catalán, que si hablas castellano te miran mal o que todos los rótulos están escritos únicamente en catalán.

La gracia que tiene Focusings explicando las cosas más la viralidad que brinda internet, sumado al momento que vive la relación entre Cataluña y el resto de España provocaron que el vídeo se propagase como una plaga por la red de manera prácticamente instantánea y sumase, en total, más de 2.400.000 visitas.

Sin duda, un premio a la constancia y al talento de una vlogger ejemplar y un punto de inflexión vivido en su propio canal: «*Sería muy hipócrita si te dijera que no. Fue un tema que me surgió el mismo día que lo grabé. De hecho, curiosamente, aquel día pensaba grabar un vídeo desmintiendo tópicos andaluces (tema que al final traté semanas más tarde), pero viví una anécdota aquel mismo día que me hizo recordar este tema tan delicado y no me quedé tranquila hasta que lo subí a mi canal. Hasta ese momento, no llegaba a los 500 suscriptores, pero también tengo que decir que apenas llevaba un mes subiendo vídeos y cada día se suscribía bastante gente. Gustaba, pero no era muy conocido. El vídeo de la catalanofobia me ayudó a darme a conocer, y a raíz de ahí empezó a suscribirse mucha más gente. Por tanto, sí, supuso un punto de inflexión*».

Un boom que hizo que mucha gente la reconociese por la calle: «*Fui a una discoteca y hubo*

un momento en que la mitad de la gente se me quedaban mirando o me preguntaban si podía hacerme una foto con ellos. Fue una sensación extraña... Pero hoy voy por la calle y nadie me para. Quizá alguien, de manera muy casual, pero, vaya, llevo una vida muy tranquila en este sentido».

La mayoría de grandes vloggers siguen un ritual esmeradísimo de preparación antes de compartir su vídeo en la red. Focusings nos cuenta el suyo: «*Cuando abrí el canal creé un archivo con los temas que quería tratar en él. Hice una lista y fui gastándola poco a poco. Los temas a veces vienen solos. Son el resultado de experiencias, de situaciones o de lo que se hable en el momento, pero hay otros que tengo escritos en cualquier parte para tirar de ellos cuando me quede en blanco. Hoy, en el momento en que estoy respondiendo esta entrevista (porque nunca se sabe cómo estará la situación en el futuro), subo un vídeo a la semana. Y también ahora, vivo en una habitación alquilada, poco luminosa y muy pequeña (es imposible grabar aquí), de manera que tengo que buscarme la vida para ver dónde grabo cada semana. Normalmente lo hago en casa de una amiga que vive con sus padres y tenemos que organizarnos para poder grabar sin molestar. ¡Ya te lo dije, un show! El tiempo de grabación varía en función del tema (si lo he desarrollado mucho o poco), del modo de hacerlo (hablar solo a la cámara o meter sketches) y del tiempo que pueda estar en el sitio donde tengo que grabar. Lo que más tiempo me lleva es la edición. Si te digo*

Los temas a veces vienen solos. Son el resultado de experiencias, de situaciones o de lo que se hable en el momento.

*que soy capaz de estar más de cinco horas edi-
tando, quizá me quedo hasta corta. Pero, como
ya he dicho, todo depende de qué vídeo haya
grabado y de lo que tenga pensado montar».*

Mel siempre había seguido a youtubers y, por
tanto, era consciente del poder que tenía la
plataforma. Ahora ella es una vlogger muy
seguida y asegura que no dejará de subir sus
obras hasta que deje de divertirse haciéndo-
lo: «*Como dice mi madre: "Pa hacé argo mal
hesho, ¡no lo hagah!"*», nos dice. De momento,
sube material a menudo a su canal, sus suscriptores son muy fans y se tragan enteras sus
historias: «*Lo que tiene mérito es que la gente
aguante mis vídeos largos, ¡ja, ja! Y no solo eso,
sino que alguna vez, al subir un vídeo corto, me
han comentado que debería haber durado más
para profundizar en el tema en cuestión. ¡Increíble!*».

De alguna manera, a todos los vloggers les
ha cambiado la vida: «*Lo que me ha aportado
YouTube ha sido conocer a gente maravillosa
con la que no hubiera podido contactar de otra
manera, y ya se sabe que lo mejor (y lo peor) de
este mundo son las personas. Yo me quedo con
las buenas*».

Actualmente, el reconocimiento de Mel Domínguez va más allá de los miles de suscriptores
adheridos a su canal de YouTube. Esta vlogger
tiene un club de fans e incluso es colaboradora
del diario *La Vanguardia*, que también comparte sus vídeos. Pese a ello, los mayores difusores
de sus contenidos son los mismos seguidores

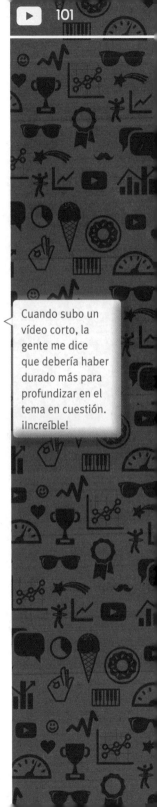

Cuando subo un vídeo corto, la gente me dice que debería haber durado más para profundizar en el tema en cuestión. ¡Increíble!

de la chica: «*Cuando subo un vídeo lo menciono un par de veces en mis redes sociales (Twitter y Facebook) y no vuelvo a darle más bombo. Son ellos quienes lo comparten y lo dan a conocer*».

A pesar de toda esta exitosa aventura, Mel Domínguez, que cree que el mayor invento posible es internet, asegura que cuesta muchísimo ganarse la vida como vlogger: «*Se gana algo, sí. No una fortuna, como muchos creen equivocadamente, pero es un extra que no viene mal*».

top 10 de canales de youtube españoles según suscriptores

elrubiusOMG ➡ 4.709.745 ➡ gameplays, comedia

vegetta777 ➡ 2.815.023 ➡ gameplays

thewillyrex ➡ 2.712.571 ➡ gameplays

willyrex ➡ 2.500.481 ➡ gameplays

mangelrogel ➡ 1.534.871 ➡ comedia y gameplays

fcbarcelona ➡ 1.165.988 ➡ fútbol

xalexby11 ➡ 1.149.458 ➡ gameplays

realmadridcf ➡- 1.024.611 ➡ fútbol

bystaxx ➡ 957.960 ➡ gameplays

sara12031986 ➡ 825.235 ➡ gameplays

Actualiza el ranking escaneando el código QR.

top 10 de canales de youtube españoles según las visitas del canal

blancoynegro ➡ 857.833.946 ➡ discográfica (videoclips)

pocoyotv ➡ 733.377.293 ➡ entretenimiento infantil

antena3 ➡ 531.211.127 ➡ televisión

elrubiusOMG ➡ 463.355.839 ➡ comedia y gameplays

warnermusicspain ➡ 435.933.522 ➡ discográfica (videoclips)

thewillyrex ➡ 433.872.231 ➡ gameplays

willyrex ➡ 424.103.501 ➡ gameplays

vegetta777 ➡ 361.853.284 ➡ gameplays

valemusic ➡ 33.399.964 ➡ discográfica (videoclips)

rostermusic ➡ 305.579.300 ➡ discográfica (videoclips)

Actualiza el ranking escaneando el código QR .

> humor y frikismo

Muchas personas han descubierto YouTube después de que un amigo les enviase un vídeo friqui o divertido. El humor ocupa una parcela importante del pastel de internet y el tráfico de vídeos frikis abunda hasta el punto que hay páginas web especializadas en esta clase de material, como pueden ser break.com o elrellano.com, por poner dos ejemplos conocidos.

> Nos gusta reír; todos necesitamos desconectar y YouTube es un espacio ideal para hacerlo.

Nos gusta reír; todos necesitamos desconectar o evadirnos de las preocupaciones del día a día, y YouTube es un espacio ideal para hacerlo. Lo que no podemos ver caminando por la calle, siempre podemos encontrarlo en un vídeo de internet y ya no hace falta que esperemos que un programa de televisión nos sorprenda con una secuencia de vídeos enrollados.

Cantantes amateurs, niños prodigio, historias creativas, fragmentos de series, bromas, *bloopers*, caídas, acrobacias, parodias, trols, memes, etc. Coged un bol, llenadlo de palomitas y preparaos para pasarlo bien. Con YouTube, estáis a un solo clic del buen humor. La perplejidad y el montón de sensaciones positivas que muchos de estos vídeos provocan en el usuario hacen que muy a menudo las producciones más frikis y sin mucha inversión se conviertan en virales y corran como la pólvora por la red. Si caen en gracia, los vídeos frikis reciben muchas visitas y en YouTube esto siempre es sinónimo de dinero, tanto para el creador como para la plataforma.

Gracias a inventos como YouTube, se ha potenciado, extendido y normalizado la cultura de la NO vergüenza. La íntima relación que se produce entre un individuo y la cámara motiva que haya gente que se atreva a grabar aquello que probablemente no haría nunca delante de un público en directo. Muchas veces, los usuarios suben grabaciones siendo conscientes de que el resultado no es profesional, que puede producir vergüenza ajena o de que los tildaran de frikis, pero precisamente esta es la gran virtud de YouTube; para bien o para mal, nosotros mismos somos nuestros propios directores de casting. Gracias a ello, la explosión de los fenómenos divertidos, creativos e incluso extraños se ha instalado y ha crecido cómodamente en la web de vídeos propiedad de Google.

❯ algunos referentes

Keenan Cahill (20 de marzo de 1995) es mucho más que un fenómeno de YouTube: se graba cantando y haciendo sincronizaciones labiales de melodías *mainstream* de artistas populares del pop, el R&B o el dance. Lo convierte en singular el hecho de que padece el síndrome de Maroteaux-Lamy y tiene el aspecto de un enano. Se ha convertido en una auténtica celebridad de internet y cerca de 500 millones de personas han visto sus vídeos. Artistas reconocidísimos como 50 Cent, Maroon 5, Cody Simpson, The Wanted, LMFAO, Justin Bieber, miembros de la serie *Glee*, Katy Perry o David Guetta han querido colaborar con él

para aparecer en su canal. Ciertamente se trata de un chico adorable, que ha vencido sus miedos y ha utilizado YouTube para hacer sus shows frikis y divertidísimos. Ha conseguido ingresar dinero haciendo lo que le gusta e incluso ha lanzando canciones originales como es el caso de *Closer*, junto con SHY & DRS.

74 ⇩

En España, uno de los vídeos frikis más vistos es *Soy cani*, del sevillano **Zorman**, con más de 12 millones de visitas. Este joven, nacido en 1988, se ha convertido en un referente de la creación audiovisual más casposa, pero efectiva, del YouTube español. Sus parodias musicales sobre las tribus urbanas (hippies, frikis, heavies, góticos, raperos, etc.) han atrapado al público, que ha compartido sus obras amateurs.

75 ⇩

Se podría decir que tanto Keenan como Zorman, que no son guionistas ni profesionales del mundo audiovisual, han generado un contenido que la mayoría considera frikis por la calidad y el tono de los vídeos, pero ambos responden al perfil de youtubers que producen material cutre de manera premeditada con el objetivo de llamar la atención de la audiencia, a través de su contenido extravagante, estrafalario o llamativo. Después, hay quien hace el ridículo de manera inconsciente, como el usuario **MrNickdreamer** al interpretar una versión del *Paparazzi* de Lady Gaga, o las peruanas Tigresa del Oriente o Wendy Sulca.

76⇨

A pesar de todo, es muy difícil definir la línea que separa el éxito del ridículo. Muchas de estas producciones que provocan vergüenza ajena llevan millones y millones de visitas y eso significa que tienen audiencia.

❯ algunos clásicos

Ahora nos remontamos hasta 2006 para recordar uno de los primeros grandes vídeos virales del ámbito frikis, obra de Gary Brolsma. El chico se grabó con la webcam bailando y fingiendo que cantaba *Dragostea din tei* de los O-zone, desde su casa. La iniciativa, que se popularizó con el nombre de **Numa Numa**, tuvo cientos de millones de reproducciones y muchísimas respuestas o imitaciones de otros usuarios; incluso apareció en un capítulo de la serie de animación South Park. A ver si sois capaces de verlo sin sonreír.

77⇨

También desde una habitación, dos estudiantes chinos se hicieron famosos gracias a sus vídeos de sincronización labial grabados con una cámara de baja calidad. Wei Wei y Huang Yixin son **Back Dorm Boys** y su gran clási-

78 ⇓

co es una sincronización labial de la canción *I Want It That Way*, de los Backstreet Boys. Todos sus vídeos tienen la particularidad que siempre hay un individuo al fondo de la acción trabajando de espaldas con un ordenador, sin que nada le inmute (*LOL*).

Y como la historia de la humanidad a veces resulta aburrida, hay quien la explica bien aliñada con humor. Es el caso de **Judson Laipply**, un bailarín que ha conseguido distraer a cerca de 300 millones de personas con un vídeo titulado *Evolution Of Dance*. ¡Una ocurrencia objetivamente simpática!

79 ⇓

❯ parodias

Un éxito bastante reciente dentro del vídeo humorístico lo ha protagonizado **Stephen Kardynal**. El cómico y youtuber, que ya había triunfado previamente parodiando a Katy Perry y Carly Rae Jepsen, ha superado todos los pronósticos al conseguir 80 millones de clics en una sola semana. El vídeo de los ré-

cords parodia a Miley Cyrus y el videoclip de su canción *Wrecking Ball*. A la vez, Kardynal conecta aleatoriamente con diversos usuarios de chatroulette.com. Con una rudimentaria peluca, una camiseta apretada, unos calzoncillos blancos y cuatro elementos de atrezzo, ha tenido suficiente para convertir en viral su obra. Hay que decir que su talento como cómico también debe de haber jugado un papel destacable. Ya que estamos en este tema, si queréis conocer al auténtico crac de las parodias, pasaos por el canal de **Bart Baker**: son famosas sus particulares versiones de los principales temas de Lady Gaga, Katy Perry, Taylor Swift o PSY, entre muchas otras.

80⇨

····················

Definimos chatroulette *en el Glosario.*

❯ espontáneos

Hay quien se convierte en un ídolo de internet de manera espontánea, sin haberlo buscado. Ojo con los cerca de 9 millones de visitas que acumulan unos señores, que rayan la edad de jubilación, con un vídeo en que se les ve bailando reggaetón en un contexto de «parkineo» en medio de un descampado.

81⇨

❯ niños y animales

Todo vale si sirve para hacer reír a los usuarios de YouTube. ¿Tenéis a un niño o un animal cerca? ¿Ambos a la vez? ¡¡Genial! ¡Los vídeos divertidos de niños y animales funcionan muchísimo! Son documentos que destacan por su

> YouTube nos ha hecho ver que el mejor guión de humor nace en los hogares y no en los despachos.

aire natural, cotidiano y espontáneo. YouTube nos ha hecho ver que el mejor guión de humor nace en los hogares y no en los despachos.

¿Qué os parecen los 90 millones de reproducciones del vídeo *Talking Twin Babies*? Dos bebés de Brooklyn, que todavía van con pañales, tienen lo que parecería un diálogo, como si fuesen dos adultos, pero por medio de onomatopeyas del tipo TATATATA. ¡Solo hay que verlos para ponerse a sonreír automáticamente!

Está claro que no basta con grabar a una criatura y compartir el vídeo en la red para obtener una repercusión millonaria. Es necesario que el documento tenga algo especialmente gracioso y sea capaz de contagiar a la audiencia con su esencia. Otro ejemplo de pequeño famoso en YouTube es el de **BruBearBaby**, un niño que con 8 meses de edad ríe a mandíbula batiente cada vez que su padre rasga un papel que tiene en sus manos.

Y también queremos recordaros el mítico **David After Dentist**, un último vídeo sobre niños que se ha propagado ¡de una manera extraordinaria! En él se muestra la reacción de un niño después de pasar por el quirófano de un dentista. David padece un pequeño delirio, a causa de la anestesia.

Esta tipo de vídeos tienen una gran acogida por su ternura e inocencia, pero sobre todo porque son escenas universales que entiende todo el mundo, tanto por su contenido como porque superan la temida barrera idiomática.

Lo mismo sucede en el terreno de los animales, en el cual también quedan atrapados muchos usuarios de YouTube. En concreto, gustan muchísimo los archivos que humanizan a los animalitos.

Uno de los vídeos más clicados de esta categoría es el de una husky siberiana, **Mishka**, que ha aprendido a decir *I Love You* gracias a la insistencia de sus propietarios. En total, pronuncia ya unas 12 palabras, que encontraréis en el canal gardea23.

85⇨

En la misma línea, el canal **Talking Animals** busca el humor ajustando la voz de un doblador a los movimientos labiales de diversos animales como perros, gatos o conejillos de Indias, entre otros.

86⇨

También es archifamoso el vídeo del panda que estornuda y despierta a su hijito, la ardilla dramática o el gato amoroso de Shrek, estos dos últimos convertidos ya en memes.

❯ el auge de chatroulette

La web de videoconferencia aleatoria *chatroulette.com* ha sido una herramienta muy aprovechada por los youtubers para hacer reír a sus suscriptores. Miles de usuarios como Wismichu, El Rubius o Auronplay se conectan para vídeos divertidos o simplemente para molestar o fastidiar a otros usuarios, lo que popularmente se conoce como hacer el trol.

❯ otros registros y conclusiones

Podríamos escribir todo un libro o incluso una enciclopedia describiendo los vídeos divertidos más populares de YouTube y sería genial, pero no lo haremos. Para ello los ingenieros de Google crearon el buscador de la plataforma y herramientas más evolucionadas como el Moodwall, en el cual puedes encontrar archivos de vídeo adecuados para cada estado de ánimo. De todas maneras, acabaremos realizando unas últimas recomendaciones de buenos canales de humor para que os podáis inspirar:

bromas ➡ RomanAtwood, PrankvsPrank, MabeInAmerica.

fails ➡ FailureHome, HumorArmy, JukinVideo.

youtubers ➡ Smosh, Tobuscus, CollegeHumor, Machinima.

un consejo! ➡ Procura utilizar todos los recursos a tu alcance para hacer un vídeo divertido. No te olvides de jugar con el vestuario, la música o el decorado, y lee el guión que prepares a tres personas diferentes antes de grabar con una buena calidad de imagen. Recuerda rodearte de un equipo de colegas para mejorar el proceso creativo y la producción final.

¿Cuántas veces hemos recibido un mensaje de algún amigo que comparte un vídeo con nosotros y nos dice algo como «*Mira esto ¡Es buenísimo!*»? En incontables ocasiones, ¿verdad?

En este punto hablaremos sobre algunos de los vídeos de YouTube que más repercusión han tenido en la sociedad. De los fenómenos más imitados y compartidos de la red: tendencias globales que conviven en nuestro día a día y que forman parte de la cultura contemporánea.

Muchos de estos fenómenos de internet se conocen popularmente como videomemes. Para los que nunca habíais oído el término *meme*, diremos que es el nombre que se pone a determinados archivos de la red (audio, vídeo, foto y texto) que por alguna razón han conseguido sorprender, emocionar, hacer reír o llorar a los internautas de todo el mundo. Estos contenidos llegan a ser tan famosos y populares que los imitan y parodian miles de personas de todas partes y, a menudo, acaban apareciendo como noticia en los medios de comunicación convencionales.

Estos fenómenos pueden salir de cualquier idea o fenómeno absurdo que aparezca en la red. Por ejemplo, seguro que todos conocemos el caso del Ecce Homo, un suceso que dio la vuelta al mundo en pocos días y que convirtió en famosa, para bien o para mal, a una pintora octoge-

87⇨

88 ⇩

← naria de la localidad aragonesa de Borja. O bien los populares LOLcats, la famosa frase «Ola K Ase» o lo que más nos interesa en este libro, los videomemes como el popular *Harlem Shake*.

↙ Por otro lado, en el mundo de la publicidad es más habitual utilizar el término vídeo viral (por ejemplo, el fenómeno *Gangnam Style* o los lipdubs, entre otros). Este concepto tiene unas características muy similares al meme pero se refiere a producciones más trabajadas y con un carácter menos absurdo que la mayoría de los memes.

89 ⇧

■ gangnam style

90 ⇩

→ Desde el 24 de noviembre de 2012, el rapero surcoreano Park Jaesang, más conocido como PSY, puede presumir de ser el propietario del vídeo más visto de toda la historia de YouTube, el *Gangnam Style*; una canción que parodia la cultura del consumo coreano y la clase alta del barrio de Gangnam.

Necesitó cerca de 805 millones de reproducciones para batir las cifras que previamente había conseguido Justin Bieber con el videoclip de su éxito *Baby*. Además, el joven cantante canadiense necesitó 2 años para acumular tantos millones de visitas, mientras que a PSY le bastaron 5 meses para colocarse como número uno.

Según publicó a principios de 2013 la agencia de PSY, YG Entertainment, el Gangnam Style habría generado casi 9 millones de dólares estadounidenses de beneficios al artista surcoreano. Buena parte de estos ingresos, unos 870.000 $, estarían directamente ligados al número de clics de los usuarios en el vídeo de la canción en YouTube. Además, las ventas del sencillo en portales de música legales como iTunes le habrían reportado unos 2,6 millones de dólares más. A todo ello hay que sumar 4,6 millones más por acuerdos comerciales como el que firmó con Samsung o ingresos indirectos como el de la subida de las acciones de su compañía familiar, dedicada a la fabricación de equipos electrónicos.

Un negocio redondo que ha seguido creciendo a lo largo de todo 2013, en que las cifras que acabamos de repasar podrían haberse doblado, como mínimo. Hay que recordar que Gentleman, el éxito que vino después de *Gangnam Style*, ya supera los 600 millones de reproducciones en YouTube y en solo seis días consiguió 100 millones

→ gangnam style y sus parodias

El vídeo ha tenido muchísimas parodias para todos los gustos y colores, pero en España la más vista fue *En el paro estoy*, donde se hacía una crítica a la crisis y los recortes.

Gracias a YouTube, «el baile del caballo» se convirtió mundialmente en la canción del verano de 2012, y PSY, que siempre se ha caracterizado por ser un artista muy polémico, se ha convertido en una celebridad respetada y reconocida con un montón de premios importantes.

Realmente las cifras del *Gangnam Style* son de vértigo:

➡ En su punto álgido, el vídeo de la canción sumaba 10 millones de visualizaciones cada 24 horas, es decir, 116 reproducciones por segundo.

➡ Record Guinness por ser el vídeo con más «Me gusta» de YouTube con más de 8 millones.

➡ Más de 11 millones de ventas digitales.

➡ La vigésimo cuarta canción más oída del mundo en Spotify en 2012.

■ lipdubs

Uno de los fenómenos online más originales y divertidos de estos últimos cuatro años es sin duda el lipdub, una de las tendencias youtubers más utilizadas de su historia y de las que más entusiasman. Universidades, empresas, entidades, centros sociales, grupos de amigos, escuelas, bandas de música, pueblos y todo lo que nos podamos imaginar han creado su propio lipdub.

Pero ¿qué es un lipdub? El término *lipdub* proviene de las palabras inglesas lip ('labios') y *dubbing* ('doblaje'), es decir, algo así como 'doblaje de labios'. Es un videoclip colectivo, realizado por un determinado número de personas que sincronizan sus labios y movimientos al ritmo de una canción. Una de las normas generales de este tipo de vídeos es que debe estar grabado íntegramente en un único plano, sin cortes. Esto se conoce profesionalmente como *plano secuencia*.

Podría decirse que los vídeos lipdubs nacieron de manera fortuita. Según un artículo de *The Washington Post*, uno de los primeros en utilizar este término fue Jake Lodwick –uno de los socios creadores de la plataforma Vimeo–, que mientras volvía a su casa se grabó por la calle haciendo un playback con los auriculares puestos. Cuando llegó a casa editó el vídeo y cambió el audio grabado por la canción original, y lo subió a Vimeo. *Lip Dubbing: Endless Dream* es el nombre que le puso. Unos meses más tarde, el mismo Lodwick propuso hacer algo similar con sus compañeros de oficina, con la canción *Flagpole Sitta*, de Harvey Danger, y aquí es donde nace oficialmente el lipdub.

91⇨

92⇨

Solo era una cuestión de tiempo que aquel vídeo se expandiese por la red y comenzasen a aparecer versiones, cada vez más difíciles, creativas y originales. Pero no fue hasta 2010 cuando se popularizaron en todo el mundo.

93 ⇩

España fue uno de los sitios donde más se realizaron. En parte, gracias a la popularidad que alcanzó el lipdub de la Universidad de Vic realizado por sus estudiantes de publicidad y relaciones públicas y dirigido por Santi Hausmann y Daniel Feixas, que se convirtió, en su momento, en el tercer lipdub más visto de YouTube y que actualmente lleva ya más de 2.400.000 visitas. Daniel Feixas, uno de los codirectores del lipdub, nos dice: «*Cuando vi el primer lipdub en YouTube me emocioné, lo encontré súper divertido y me transmitió muy buen rollo. Enseguida pensé que teníamos que hacer lo mismo en la Universidad de Vic, era un formato perfecto para dar a conocer la universidad a todo el mundo.*»

El lipdub de la Universidad de Vic llegó a ser un gran éxito a nivel mediático; medios de todo el mundo hablaron de este vídeo como

un referente en YouTube, expertos en comunicación lo proyectaron en sus conferencias y los blogueros más famosos lo compartieron en la red. Santi Hausmann, profesor de creatividad y uno de los codirectores del vídeo, nos cuenta que: «*En tan solo una semana ya habíamos superado las 100.000 visitas y continuó subiendo, era sorprendente. Esta subida nos empujaba a buscar más y más clics, estudiantes y trabajadores, todos participaban. Uno de los factores clave fue cuando el grupo Train publicó nuestro vídeo en su web; pasamos de 150.000 visitas a 350.000 en un fin de semana. Otro de los factores importantes fue cuando Perez Hilton [el famoso bloguero] compartió el vídeo en su blog, y después lo compartieron miles de personas. Facebook hervía. Fue fantástico*».

Pero ¿por qué es tan potente este formato? Si lo analizamos, veremos que tiene dos vertientes muy marcadas.

En primer lugar, es una herramienta de comunicación de marca potentísima, contiene todos los elementos para convertirse en un éxito mediático: es un vídeo pensado para YouTube, los mismos trabajadores o usuarios del colectivo son los protagonistas y cooperan conjuntamente con un objetivo. Eso le da una estética próxima, improvisada y realista que gusta mucho a la gente porque se empatiza con los protagonistas. Es un claro ejemplo de lo que se conoce como *marketing de contenidos*, representa diversión para el espectador y, a la vez, una campaña de *branding* para la universidad.

Branding, *en el Glosario.*

En segundo término, es una gran herramienta de cohesión social para los participantes. Se trata de un proyecto que elimina las distancias jerárquicas entre jefes y trabajadores, entre alumnos y profesores, pues fomenta el trabajo en equipo y la creatividad. Crea un sentimiento de pertenencia a un grupo, empresa o entidad. Según Hausmann: «*El día de la grabación es uno de aquellos días en que vuelves a creer en la humanidad. Todo el mundo se puso a disposición del proyecto. Fue magnífico. En estos proyectos hay un efecto psicológico de sintonía y sentimiento de pertenencia al grupo muy intenso. ¡Un efecto borrachera! Duró semanas, incluso meses. Aquel proyecto hizo que todo el mundo se sintiese orgulloso de su universidad*».

94 ⇩

Muchos colectivos, empresas, instituciones y entidades han sabido aprovechar la moda del lipdub. La proximidad y la frescura que transmiten son fundamentales para llegar al espectador. En la red podemos encontrar miles de ejemplos pero nos gustaría destacar algunos de los más importantes; la discográfica Sony Music UK utilizó este formato para dar a conocer un grupo antes de que saliera su disco. El objetivo era que la gente se preguntase de quién era aquella canción antes de que apareciera y así realizar algo de promoción. El vídeo se rodó en el Park Güell de Barcelona. Uno de nuestros preferidos es *Isaacs's Live Lip Dub Proposal*; Isaac pidió en matrimonio a Amy de la forma más original. Con muy pocos medios y una creatividad abrumadora, realizó uno de los lipdubs con más visitas de YouTube. Tam-

95 ⇩

bién el lipdub de la marca de ropa Stradivarius, que aunque no está hecho con un solo
plano secuencia, es muy profesional y refleja
la frescura y el buen rollo de sus trabajadores.
Para acabar, un lipdub muy emocionante realizado por la asociación ECOM, con el objetivo
de promover la igualdad de oportunidades entre las personas con discapacidad.

96⇨

97⇨

Ciertamente, el lipdub ya se ha convertido en
un nuevo género audiovisual en la red. No
obstante, no todos los vídeos de este estilo son
atractivos por el mero hecho de ser un lipdub.
En la red hay algunos muy buenos y otros muy
malos, de la misma manera que hay videoclips
excelentes y otros pésimos. Como en toda producción, la creatividad y la técnica serán deci-
sivos para conseguir un buen resultado final.

▪ flashmob

Te encuentras en la plaza Cataluña de Barcelona o en la Puerta del Sol de Madrid, y todo
está tranquilo. De repente, empieza a sonar
una música a todo volumen y una pareja, que
estaba dando de comer a las palomas, se pone
a bailar una coreografía en medio de la plaza.
Todo el mundo se queda de piedra y algunos
hacen fotos con el móvil. Pero eso no es todo:
el grupito crece progresivamente hasta llenar
toda la plaza de bailarines formando una gran
coreografía. De golpe, la música se acaba y en
pocos segundos la gente desaparece como si
no hubiese pasado nada. Encontrar situacio-

nes similares a esta es cada vez más habitual en los lugares más céntricos de nuestras ciudades. Unos días más tarde, podremos ver la grabación de esta acción colgada en YouTube.

El término *flashmob* es la suma de dos palabras inglesas: flash, que equivale a 'instante', y *mob*, que quiere decir 'multitud'. La traducción sería 'multitud instantánea'. Esta palabra la acuñó por primera vez el sociólogo Howard Rheingold en el libro *Smart Mobs: The Next Social Generation*. En el libro ya preveía que la gente acabaría utilizando las nuevas tecnologías de la comunicación –internet y móviles– para organizarse en grandes grupos. Pero hoy en día, con el uso de las redes sociales y la conexión a internet en el móvil, esto aún se magnifica más.

Podríamos decir que este fenómeno ha crecido en paralelo a la tecnología. El primer flashmob se organizó en junio de 2003. Un grupo de 100 personas en Nueva York irrumpieron en la novena planta de Macy's –uno de los mayores centros comerciales del mundo– con la intención de simular que todos estaban interesados en la misma alfombra. ¿Os imagináis la cara que se le debió de quedar al vendedor? Seguramente sí, pero como en aquel momento no existía YouTube y no se grabó ningún vídeo, no podemos saberlo. Actualmente, todos se graban y suben a YouTube, y con la explosión de las redes sociales, el flashmob es uno de los fenómenos más virales de internet.

Como los géneros cinematográficos, el flashmob también tiene unas reglas que deben cumplirse, unos elementos que harán que el espectador vea lo que espera después de haber escrito la palabra *flashmob* en el buscador. Estas son las dos características principales: en primer lugar, tiene que organizarse telemáticamente –por las redes sociales (Facebook, Twitter, Tuenti), por el smartphone o la tablet (Whatsapp, Line, sms) o mediante cualquier otra aplicación–; segundo, debe tratarse de acciones esporádicas, que tienen que empezar de la nada, crear una acción inusual y dispersarse rápidamente, dejando el sitio tal como estaba. Solo cumpliendo estas dos normas ya estaremos realizando un flashmob.

Obviamente, por encima de todo habrá que ser creativo y no realizar el mismo flashmob que hemos visto cientos de veces: debemos innovar. El formato tiene muchas aplicaciones, y un ejemplo de ello es la variedad de vídeos flashmob que se han realizado hasta ahora, desde vídeos realizados por puro entretenimiento a otros reivindicativos o, incluso, promocionales.

Hoy en día el flashmob se ha convertido en uno de los recursos más utilizados en el marketing de guerrilla o *street marketing*, por el gran impacto y el efecto viral que consigue. Estas acciones publicitarias inusuales –que tanto pueden ser *indoor* como *outdoor*– sorprenden y hacen vivir experiencias positivas a los espectadores. Un gran ejemplo es el magnífico trabajo de la compañía T-Mobile en sus campañas virales, como *The T-Mobile Dance*. O bien el magnífico flashmob que realizaron la

En Glosario encontrarás la definición de street marketing.

98⇨

99 ⇩

→ orquesta Copenhague Phil junto con la Radio Klassisk para ofrecer una experiencia brutal a los pasajeros que viajaban en metro aquel día.

⟩ harlem shake

El Harlem Shake es otro fenómeno social y global que tuvo lugar en 2012. Este vídeo se ha convertido en uno de los memes más famosos de internet.

Para entender esto, antes tendremos que explicar el término *Harlem Shake*: proviene de un movimiento de baile que nació y se hizo famoso en Nueva York durante los años setenta. Un baile que practicaban los negros de Harlem, bastante exagerado y muy dinámico.

100 ⇩

Así pues, en 2013, Baauer (Harry Rodrigues), un productor y DJ estadounidense no demasiado conocido, creó un tema musical con el nombre «Harlem Shake». En un principio, esta canción podía descargarse gratuitamente de su web pero no tuvo ninguna clase de repercusión, estuvo ocho meses colgada en la red y nadie le hizo demasiado caso. Un día, cinco chicos australianos decidieron cogerla para grabar un vídeo absurdo donde salían bailando de forma desproporcionada y desfasada durante 30 segundos. Luego lo colgaron en YouTube y tuvieron un éxito abrumador.

¿Quién iba a decir que aquel vídeo tan absurdo se convertiría en una tendencia mundial?

En muy pocos días el efecto viral del Harlem Shake dio la vuelta al mundo. Más de 40.000 versiones de aquel vídeo se colgaron en la red. Desde equipos de fútbol, universitarios, entidades y empresas hasta vídeos en aviones y en piscinas. El éxito que tuvo este vídeo meme hizo que la canción se situara en el número uno de la lista *Billboard*, y todo gracias al fenómeno YouTube.

101 ⇨

Aquí podemos ver algunos ejemplos de Harlem Shake:

102 ⇨

No obstante, por desgracia, el autor de este tema ha comentado en varias entrevistas en la red que, como utilizó algunos *samplers* de música sin tener los derechos, no ganó ni un euro con todo este fenómeno.

■ carly rae jepsen, call me maybe

La cantautora canadiense **Carly Rae Jepsen** se dio a conocer en uno de los programas musicales más famosos de Canadá, *Canadian Idol*. Esto le sirvió de trampolín para firmar con una discográfica y comenzar a vivir de la música. En 2012 creó el tema *Call Me Maybe*, que rápidamente se colocó en el número uno en numerosos países de todo el mundo. Su videoclip se convirtió en un gran éxito en la red, con más de 500 millones de reproducciones en YouTube en la actualidad. Rápidamente empezaron a aparecer versiones y parodias que usaban esta canción y se convirtió en un

103 ⇨

104 ⇨

fenómeno de masas en YouTube. Una de las parodias más vistas es la de Justin Bieber y sus amigos, que ya lleva más de 65 millones de visitas. Es divertido ver a Justin Bieber y Selena Gomez, que han sido parodiados cientos de veces, haciendo una parodia en YouTube. Otro ejemplo muy original es el vídeo que grabó el equipo de béisbol de la Universidad de Harvard de camino al aeropuerto, con la furgoneta de la universidad: improvisaron una coreografía muy divertida dentro del vehículo mientras escuchaban la canción. Pero la broma no termina aquí, ya que después, las chicas del equipo de remo de la misma universidad hicieron una parodia de la parodia; esta vez, sin embargo, bailando con los pies. Estos vídeos fueron creciendo exponencialmente hasta crear casi un nuevo género audiovisual en la red, con un montón de vídeos coreografiados dentro de furgonetas y autobuses bailando la misma canción. O bien, otros registros como el lipdub que hizo la marca Abercrombie & Fitch mostrando los esculpidos abdominales de sus modelos y que lo petó en la red o la magnífica versión cantada por los protagonistas de *La guerra de las galaxias*.

▪ cups song

➡ ¿de dónde viene el fenómeno de "la canción del vaso"?

→ El fenómeno viral que desplazó al Harlem Shake y que ahora mismo triunfa en la red se llama *Cups* y ya ha llegado hasta nosotros de la mano de la cantante Paula Rojo. ¿Queréis saber dónde y cómo empezó todo? La moda consiste en imitar la *Cup Song* popularizada por Anna Kendrick, en la cual se usó un vaso como instrumento de percusión. La «canción del vaso» se llama en realidad *When I'm Gone*, pertenece al folclore estadounidense y fue grabada por primera vez en 1937 por los J. E. Mainer's Mountaineers.

110⇨

Tuvieron que pasar más de 70 años hasta que el dueto inglés Łulu and the Lampshades hiciese su propia versión usando vasos como instrumentos de percusión, una idea que inspiró a una chica normal y corriente llamada **Anna Burden** a subir un vídeo a YouTube y conseguir más de tres millones de visitas en un tiempo récord.

 111⇨

La pegadiza y original versión se dio a conocer en la película *Dando la nota*. La actriz escogida para protagonizar el film, **Anna Kendrick**, confesó que se pasó tardes enteras viendo el vídeo de Burden para aprender esta técnica tan difícil. «*Cuando los creadores de la cinta descubrieron que podía hacerlo, quisieron que lo usase en la película*», declaró Kendrick hace unos meses. Y de esta manera, se incluyó en una escena en que la protagonista canta la popular canción en un casting para un musical. Tuvo tanto éxito que la actriz acabó grabando un videoclip.

 112⇨

La canción, con arreglos de folk-pop y voz de Kendrick, triunfó en la primavera de 2013 durante muchas semanas en el top de las listas de

 113⇨

114 ⇩

115 ⇩

116 ⇩

117 ⇩

118 ⇩

119 ⇩

vídeos musicales de Estados Unidos, en las ventas de iTunes y en las listas de éxitos de las emisoras de radio. Quisieron entrevistar a la actriz en todos los programas televisivos de mayor audiencia del país, como el que conduce David Letterman, donde deleitó al público una vez más con esta melodía tan rítmica y pegadiza.

A partir de aquí, las versiones crecieron como la espuma en YouTube. Esta, por ejemplo, tiene casi 15 millones de visitas.

La mayoría de las versiones las protagonizan chicas de entre 15 y 20 años. Pero también hay grupos de amigos, niños, americanos, europeos, asiáticos...

Y la gente más diversa y original que podáis imaginar versiona canciones diferentes al ritmo de un vaso. Esta, por ejemplo, es de la canción *End of Time* de Beyoncé.

Y ahora, finalmente, la moda ha empezado a extenderse también por España. Hace unos meses, la cantante **Paula Rojo**, famosa por el programa televisivo *La voz* y muy aficionada a subir vídeos a YouTube, ha lanzado al mercado una versión traducida de la canción. Se titula *Si me voy*, ha grabado un videoclip y tiene el mismo ritmo que la original de Anna Kendrick.

El disco en el cual se incluye la canción viral salió a la venta el 29 de octubre y es una versión especial de su debut *Érase un sueño*. Parece que la canción ya empieza a estar muy instalada y ya están comenzando a correr cientos de versiones amateurs en castellano.

Seguramente os ha picado la curiosidad de saber si el ritmo es una de vuestras cualidades, por eso no queremos acabar este apartado sin un buen tutorial, de la mano de la misma Paula Rojo.

Solo en Google, la búsqueda de la expresión *Cup Song* nos da una impresionante lista de 261 millones de resultados.

■ movimientos sociales en la red

Los movimientos sociales también se han nutrido y han ganado fuerza gracias a plataformas como YouTube. Ha sido un instrumento básico para dar voz a grupos u organizaciones que no recibían el apoyo de los medios de comunicación por razones políticas, jurídicas o económicas, entre otras. Un complemento que, al lado de otras redes sociales, ha sido útil para democratizar la difusión de ciertas informaciones. Hasta el nacimiento de Facebook, Twitter o YouTube, los movimientos sociales de defensa de derechos no disponían de armas tan potentes para difundir sus mensajes como tienen hoy.

> YouTube ha dado voz a grupos u organizaciones que no recibían el apoyo de los medios de comunicación por razones políticas, jurídicas o económicas.

➡ el caso "no woman, no drive"

En octubre de 2013 tres artistas y activistas sociales saudíes (**Hisham Fageeh Fahad Albutairi** y **Alaa Wardi**) aprovecharon el poder de YouTube para denunciar la prohibición de conducir impuesta a las mujeres por parte

120 ⇨

de las autoridades de Arabia Saudí. Escribieron una canción de letra divertida inspirándose en el sonido reggae de Bob Marley y su tema *No Woman No Cry*. Su particular versión, titulada *No Woman, No Drive*, suma hoy unos 11 millones de reproducciones en YouTube y ha servido para internacionalizar la lucha de muchas mujeres saudíes para reclamar su derecho a conducir.

➡ el caso kony 2012

El documental *Kony 2012*, creado por la organización estadounidense Invisible Children, fue una de las campañas publicitarias más potentes de 2012 en YouTube. El objetivo del vídeo, que tiene cerca de 100 millones de reproducciones, era explicar un conflicto que afecta a Uganda, la República Democrática del Congo, Sudán y la República Centroafricana: el uso de niños soldado por parte del Ejército de la Resistencia del Señor (ERS).

121 ⇩

El objetivo concreto de la acción, vehiculada principalmente desde el vídeo explicativo, era conseguir que los medios de comunicación de todo el mundo hablasen del problema y se pudiese capturar al líder de los rebeldes ugandeses del ERS, Joseph Kony, considerado responsable del secuestro, la tortura y la explotación de decenas de miles de niños ugandeses. Aunque muchos criticaron el vídeo por considerar que tenía poco rigor informativo, el documental consiguió que se hablase del conflicto.

→ anonymous

Desde 2008 Anonymous se manifiesta en la red y en la calle para protestar a favor de la libertad de expresión, de la independencia de internet y en contra de diversas organizaciones, servicios públicos o sociedades de derechos de autor. En YouTube, el movimiento se ha segregado en diversos canales, a través de los cuales reparte sus mensajes de comunidad. Es un buen ejemplo de ello el canal **democracynow**.

122 ⇨

De hecho, cualquier individuo con cierta sensibilidad hacia los problemas sociales (locales o globales) puede promover y gestionar sus campañas reivindicativas a través de los medios de comunicación 2.0, entendiéndolos como redes sociales. Es lo que se conoce como *periodismo ciudadano*, que ha tenido su expresión más viva en movimientos como la protesta de los países árabes, las revueltas de los indignados, la lucha contra los recortes, la irritación por la aprobación de las leyes del ministro Wert o la ley Sinde, entre muchos otros casos.

▪ gente con talento

¿Tenéis alguna clase de talento? Grabadlo y subidlo a YouTube. Sin duda se trata de un buen consejo para triunfar en la vida con aquello que sabéis hacer. La web de vídeos es el mejor escaparate posible para exhibir vuestras capacidades y nunca se sabe quién puede ser espectador de ellos para daros la oportunidad que os merecéis. Tenéis que pensar que, después de Google, YouTube es el segundo buscador más usado de la red. Evidentemente, colgar un vídeo en internet no es garantía absoluta de recibir una llamada acompañada de una oferta laboral millonaria, ni tampoco de acabar en platós de televisión o estudios de radio, pero en cambio sí que es un portafolio profesional explícito de vuestros progresos y aptitudes.

Hacer figuritas con burbujas de jabón, mover el cuerpo como un robot, jugar a ping pong con un cepillo de dientes, mostrar una técnica increíble jugando a fútbol, ser un crac de las acrobacias, el equilibrio, la gimnasia, el *parkour* o las recetas de cocina, etc. ¿Sois unos genios en algo y solo vuestro entorno más cercano conoce vuestras aptitudes? Es el momento de generar sensaciones y admiraciones más allá de vuestro ámbito y el camino es internet; el medio y el mayor *talent show* del mundo es YouTube. El momento es ahora. ¿Ya sois lo suficientemente conscientes del potencial de la plataforma? No olvidéis que el propio portal de vídeos puede convertirse en un negocio muy potente.

➡ el caso de lionel neykov neykov y la lotería nacional española

123 ⇩

Este joven, residente en Nueva York y nacido en París, comenzó a tocar la guitarra cuando tenía 21 años y muy pronto escribía y componía sus propias canciones. Su situación no era buena, ya que no tenía trabajo y querían echarlo de su apartamento por no pagar el alquiler. En 2007 Neykov compartió su música a través de MySpace y YouTube, sin saber que poco después recibiría una de las sorpresas más agradables de su vida.

124⇨

Su canción *Freeze my senses* fue escogida por la compañía de publicidad Ricardo Pérez Asociados para acompañar la campaña publicitaria del sorteo extraordinario de Navidad de 2008. A cambio, recibió una remuneración de 20.000 dólares, el doble de lo que se le había ofrecido en un principio. A él sí que le tocó la lotería, pero en vez de comprar un décimo, subió un vídeo a YouTube.

➡ el caso del bebé futbolista

Baerke Van der Meij no tenía ni dos años cuando fichó por el VVV-Venlo, un club de la primera división de la liga de fútbol holandesa. Su padre lo grabó en 2011 mientras jugaba con unas pelotas y después del éxito conseguido en internet, el club lo fichó con un contrato simbólico. En el mismo sentido, en 2007, el Manchester United fichaba a Rhain Davis, después de ver un vídeo suyo.

125⇨

126⇨

➡ tsung tsung. el niño prodigio tocando el piano

Tsung Tsung es un niño de 7 años residente en Hong Kong, China. Empezó a tocar el piano cuando tenía 3 y está considerado un prodigio en el arte de tocar este instrumento. Cuando tenía 5 años colgó un vídeo en YouTube que dejó a todo el mundo maravillado. ¡Más de 10 millones de visitas demuestran que muchas personas quisieron compartir su talento! De hecho, Tsung ha recibido invitaciones para tocar por todo el mundo y muchos medios de comunicación internacionales como ABC News (Estados Unidos), NHK (Japón) o el famoso programa *The Ellen DeGeneres Show* lo han invitado para entrevistarlo.

Hay una infinidad de personas que ya dan a conocer su talento en YouTube. ¡No esperéis más y compartid vuestras gracias con la comunidad! ¡Solo pueden pasaros cosas buenas!

127 ⇩

➡ **un par de canales creativos y plagados de talento que no podéis obviar**

Rhett & Link ➡ Dueto de comediantes muy creativo. No os perdáis su vídeo de la guerra de camisetas en *stop-motion*.

128 ⇩

MisteryGuitarMan ➡ Guitarrista, animador y cineasta. Su canal mezcla muy bien sus especialidades y tiene un contenido de altísimo valor audiovisual. ¡Realmente sorprendente! ¿Creéis que se puede hacer música con unos cuantos globos? Para Joe Penna no hay nada imposible. ¡Os dejará boquiabiertos!

129 ⇩

¿Nunca habéis realizado el ejercicio de pasaros horas y horas delante del ordenador mirando vídeos de gente que hace cosas tan extraordinarias como estas?

A YouTube le gustan los talentos y, por ello, a menudo construye alianzas para captarlos. Un ejemplo es la *You Generation*, un canal pensado para descubrir nuevos cracs a través de internet y por todo el planeta. La cara visible es Simon Cowell, empresario de la industria discográfica y jurado de programas televisivos de promesas como *American Idol*.

Si creéis que podéis convertiros en nombres propios de YouTube y vuestros vídeos tienen un alto valor creativo, uníos al centro para creadores de la plataforma. Allí podréis encontrar recursos que os ayudarán a crear un contenido mejor, a consolidar vuestra base de fans y a convertir vuestra afición en profesión.

Nos parece increíble que, como posibles profesionales de cualquier ámbito, todavía no hayáis rastreado YouTube para encontrar talentos de vuestra disciplina. Podréis obtener datos a tiempo real, sobre lo que mira o deja de mirar la gente, qué les gusta y qué no, dónde se han suscrito... ¡Quedaréis maravillados y aprenderéis muchísimo!

➡ programas de televisión sobre talentos

Los programas de televisión sobre talentos también han sabido aprovechar la moda de YouTube. Algunas de las conocidas franquicias *Got Talent*, *American Idol* o *The X Factor* se han

130 ⇩

131 ⇩

132 ⇩

→ convertido en fenómenos de máxima audiencia y llenan las franjas de prime time gracias al talento de cantantes, bailarines o artistas que participan en el concurso. No es nada extraño este éxito, viendo cómo se tratan algunas de las historias de superación personal del programa, → las cuales consiguen, sin lugar a dudas, emocionar al espectador.

Inmediatamente, los espectadores empezaron a subir los mejores cortes del programa en YouTube, con el objetivo de compartir con la gente de todo el mundo aquella experiencia con el resultado de conseguir millones y millones de visitas a la plataforma. Podemos ver algunos ejemplos: Paul Potts; Susan Boyle; Opera duo Charlotte & Jonathan. Esto llamó rápidamente la atención de los programas, y no tardaron en crear canales de YouTube propios con el objetivo de convertir la franquicia en un fenómeno mundial, conseguir más fans y, monetizando los vídeos, generar otra vía de negocio.

⊡ una plataforma hacia hollywood

Lo que decíamos acerca del éxito en el mundo de la música también se puede aplicar al mundo del cine. En YouTube hay mucho talento audiovisual, directores, guionistas y animadores, gente que cuenta historias, documentalistas, cortometrajes increíbles que gracias a la plataforma pueden ser vistos por millones de personas.

La historia de **Federico Álvarez**, un uruguayo de 31 años, sirve de inspiración para miles de futuros realizadores que navegan y suben cada día contenidos a YouTube. Álvarez dirigió *Ataque de pánico*, un cortometraje con el escaso presupuesto de 300 dólares, en el que un ataque de robots gigantes hacía explotar la capital de Uruguay, Montevideo. El corto empezó a recibir visitas en YouTube y a compartirse exponencialmente, hasta superar los 7 millones de reproducciones. Apenas un día después de subir el vídeo a YouTube, Álvarez empezó a recibir emails de mánagers de Hollywood (Dreamworks, Warner, Fox, Sony Entertainment); las compañías más importantes de cine querían ficharle. En poco tiempo acabó en Los Ángeles con todos los gastos pagados y un contrato de 30 millones de dólares para rodar su primera película.

133⇨

Es sabido que YouTube es una de las plataformas online más usadas del momento y, como hemos dicho anteriormente, el segundo buscador de contenidos más popular después de Google. Así pues, no es extraño que allí donde hay tanta gente se trate de un lugar idóneo para que se anuncien las marcas.

Muchas empresas, grandes y pequeñas, ya están utilizando YouTube para promocionar su producto. Las estadísticas demuestran que introducir un vídeo online en las estrategias de marketing supone un valor añadido respecto a la competencia y un recurso muy útil para generar compromiso con los clientes. Aun así, todavía hay muchas que son reticentes a invertir en videomarketing, ya sea porque no saben cómo hacerlo o bien porque desconocen sus ventajas.

Veamos algunos casos de éxito empresarial que gracias a la utilización de YouTube han podido triunfar. Marcas que han aumentado considerablemente sus ventas reduciendo la inversión en publicidad tradicional.

➡ las licuadoras blendtec

Blendtec es una pequeña empresa estadounidense que fabrica licuadoras de alto rendimiento. En 2006 entró a trabajar a la empresa un nuevo director de marketing, y descubrió cómo

Tom Dickson, el director de Blendtec, ponía a prueba sus licuadoras destrozando cualquier objeto que tenía por la oficina. Esto despertó la curiosidad del nuevo director de marketing que, con 50 dólares, fue a comprar una pelota de golf, un pollo asado, unas latas de coca-cola y otros objetos para licuarlos. De aquel experimento salieron posteriormente cinco vídeos donde aparece el mismo Dickson, ataviado con una bata blanca y con bastante, gracia licuando todos esos productos. De inmediato, decidieron colgar los vídeos en YouTube.

Fue una gran sorpresa ver que los vídeos tenían cada vez más visitas y en pocos días llevaban más de 6 millones. Actualmente, y llevan una cincuentena de vídeos subidos al canal, han hecho añicos iPods, iPhones 5s, iPads y CD de Justin Bieber, tienen 680.300 suscriptores y 232 millones de reproducciones.

Con la creación de estos vídeos han conseguido una de las campañas de marketing más exitosas e impresionantes de la historia de la publicidad, y de las más económicas. Tom Dickson ahora es famoso, se ha pasado los últimos años yendo de plató en plató de televisión enseñando el funcionamiento de sus licuadoras y licuando toda clase de objetos. Una vez intentó licuar seis mecheros de la marca Bic; la mezcla de gas butano, plástico y metal creó una bola de fuego dentro del recipiente hasta que uno de los chicos de producción tuvo que salir con un extintor a apagar aquello.

Sobre todo han tenido un gran impacto en las ventas al por menor, que antes de la cam-

135 ⇩

→ paña eran casi inexistentes. Dickson creó un buen producto, un gran invento, la licuadora perfecta. La empresa ha crecido un 800% y se ha dado a conocer en todo el mundo, dentro y fuera del sector de la hostelería.

➡ liberad al pato willix

136 ⇩

→ El segundo fenómeno es el caso de la campaña que realizó la cerveza sin alcohol **Mixta**, *Liberad al Pato Willix*. La marca Mahou quería conseguir más presencia en internet y en las redes sociales con su nuevo producto. Para lograrlo decidieron crear una campaña para YouTube, pero tenía que ser algo diferente, que consiguiese muchas visitas pero sin tener que gastarse demasiado dinero en medios.

Los creativos de la marca empezaron a darle vueltas a esto y llegaron a una idea, tan loca como original: encerraremos a un pato en YouTube y no lo dejaremos salir hasta que consiga 1 millón de visitas. Produjeron un vídeo con humor, donde se contaba la historia de un pato y su rutinaria vida. Él vive con su familia en un estanque del centro de la ciudad y está buscando trabajo; un día se presenta a un casting para un proyecto por internet muy peculiar y consigue que lo seleccionen. Pero no contaremos nada más, lo mejor es que veáis el

→ vídeo vosotros mismos.

El resultado de esta campaña fue muy satisfactorio para la marca. En tres semanas consiguieron los objetivos que se habían marcado para seis meses: una gran repercusión en las redes sociales con más de 15.000 nuevos fans en 15 días, más de 10.000 comentarios entre YouTube, Facebook y Twitter, y varias menciones en medios tradicionales, entre televisiones y prensa.

Liberad al Pato Willix es otro ejemplo de historia emotiva y emocionante que funciona en YouTube, y ya hemos visto unas cuantas. La creatividad es la mejor arma para triunfar en la red, incluso por encima del presupuesto. Creatividad, humor, ironía y emoción son algunos de los elementos para que una campaña tenga un éxito rotundo en YouTube. Con ello no queremos decir que para ser más creativos y tener grandes ideas se tenga que trabajar con presupuestos bajos, ni mucho menos. Creemos que con un gran presupuesto y mucha creatividad se pueden hacer cosas maravillosas, seguramente mejores en muchos casos, pero nunca tendría que ser un factor determinante para alcanzar el éxito, la creatividad sí.

> Creatividad, humor, ironía y emoción.

→ modcloth

La marca de ropa ModCloth es uno de los casos de éxito que, sin haber tenido la suerte de crear un gran viral para darse a conocer, está utilizando YouTube de manera constante e inteligente.

Modcloth es una tienda online de Estados Unidos que se dedica a vender ropa vintage de mujer. Según un estudio que realizó en 2010 la prestigiosa revista de emprendedores Inc. Magazine, es una de las empresas estadounidenses que más rápidamente está creciendo. Actualmente, ya son más de 300 trabajadores.

Sin duda es un ejemplo a seguir para cualquier tienda online que trabaje con las redes sociales y quiera crear comunidad. ModCloth utiliza perfectamente YouTube, Facebook, Twitter, Pinterest e Instagram, pero en este caso nos centraremos en la estrategia de videomarketing.

El canal de YouTube de la marca lleva más de 9.000 suscriptores y 1.200.000 visitas. La estrategia que utiliza se basa en crear contenidos de vídeo, variados, desde concursos hasta consejos, tutoriales y entrevistas. No son grandes producciones, al contrario, son vídeos muy sencillos y fáciles de hacer, de bajo coste, pero constantes en la producción. En todos ellos utilizan enlaces al web o anotaciones de llamada a la acción que te llevan al sitio donde comprar el producto. Una buena manera de producir estos contenidos es grabando varios vídeos en un mismo día y así optimizar los costes.

Por otro lado, también invierten en publicidad en YouTube. Muchos de sus vídeos son promocionados para llegar a su target con mayor facilidad. También crean anuncios YouTube TrueView que, bien optimizados y con las palabras clave adecuadas, llegan más fácilmente a clientes potenciales.

ModCloth utiliza todos los datos que generan sus vídeos, y la herramienta Analytics les ayuda a analizar el interés que tiene la audiencia en sus vídeos y por dónde tienen que seguir para conseguir más visitas y más ventas.

> también los políticos piensan en youtube

Hay numerosos casos conocidos de políticos de todo el mundo que han ganado unas elecciones gracias al uso de las redes sociales y una buena campaña de videomarketing. El vídeo en YouTube, si es creativo, puede aportar un valor añadido a una campaña política (proximidad, sinceridad, transparencia). El político no deja de ser una marca personal, y con el vídeo online podemos mejorar su reputación. La candidatura y la futura elección del actual presidente de Estados Unidos, Barack Obama, han sido el ejemplo más destacado. ¿Recordáis el *Yes We Can*?

140⇨

Más recientemente, sin embargo, y también en la política estadounidense, encontramos un caso de un candidato que vale la pena destacar: un vídeo que enseguida se convirtió en viral y cambió por completo lo que aparentemente tenía que suceder. Hablamos del caso del actual alcalde de Nueva York, Bill de Blasio. Cuando faltaba poco más de un mes para las primarias demócratas, las encuestas no lo situaban como ganador. Pero, de repente, aparece un vídeo en YouTube que le da la vuelta a todo: un adolescente anónimo cuelga un vídeo contando cómo De Blasio mejoraría la ciudad si ganaba las elecciones y acababa asegurando que creía en sus promesas «porque lo conozco, es mi padre».

141⇨

Enseguida, el vídeo recibió miles de visitas procedentes de todos los distritos de la ciudad y la popularidad del demócrata empezó a crecer vertiginosamente. Tres meses después, Bill de Blasio fue elegido alcalde de Nueva York.

¿cómo hacerse millonario con youtube?

Pues bien, básicamente, esta es la pregunta que todos nos hacemos.

Para empezar, debemos advertir que las posibilidades de hacerse millonario en YouTube son prácticamente las mismas que las opciones de que te toque la lotería... Ahora bien, si la lotería es puramente una cuestión de azar, para vivir de YouTube es necesario un ingrediente tan importante como la suerte o más: el esfuerzo.

Si bien hacerse millonario puede quedarnos muy lejos en un primer momento, sí que hay varias posibilidades que nos ayudarán a ganar dinero —poco, en un principio— con nuestros vídeos. Se trata de ponerle una buena dosis de dedicación y creatividad que nos puede ir haciendo aumentar nuestros ingresos hasta conseguir poder vivir de YouTube.

En primer lugar, las formas existentes para ganar dinero con la plataforma son, por un lado, cobrar por las visitas de nuestros vídeos y, por otro, mediante diversas vías de financiación externas a YouTube, por ejemplo, el uso de la plataforma como escaparate de las tiendas on-line o incorporando el product *placement* en los vídeos.

■ monetización de youtube

Seguro que alguna vez habéis oído hablar de jóvenes que ganan una pasta con YouTube, haciendo vídeos y jugando a videojuegos todo el día desde su casa. Pues sí, habéis oído bien, y estos jóvenes son los llamados youtubers. Estos usuarios partner, socios de YouTube, se esfuerzan diariamente para ganar audiencia y suscriptores en lo que podemos llamar la plataforma mundial del entretenimiento. Los youtubers crean contenidos audiovisuales (de mayor o menor calidad) con la clara intención de sumar visitas y ganar dinero.

El negocio que tiene montado Google con su lanzadera audiovisual, YouTube, es muy muy atractivo para los millones de usuarios que ven en ello una oportunidad de llegar a ser ricos y famosos. Hay que añadir que los datos de audiencia que tiene la plataforma son magistrales, hasta el punto de que el público más joven se pasa allí más horas que delante de la televisión.

Como ya hemos dicho, en España hay numerosos youtubers que viven de la plataforma y hay muchos más en todo el mundo. Hay que decir que solo unos cuantos facturan miles de dólares (como ElrubiusOMG, HolaSoyGerman o Smosh) pero ya son suficientes para motivar a millones de usuarios partner.

Pero ¿cómo podemos introducirnos en este mundo? **Bruno Villar**, más conocido en la red como el youtuber **SEOArtículo**, advierte de que, a pesar de que YouTube se ha convertido en un negocio, «*la mayoría de los nuevos creadores empiezan con sus canales con el objetivo de ganar dinero, cosa que les acaba generando mucha frustración cuando ven que no resulta tan fácil*».

Así pues, no es fácil conseguirlo, pero, de hecho, alcanzar el éxito no lo ha sido nunca. «*La mejor fórmula es trasladar las pasiones de nuestra mente al canal de YouTube y disfrutar de cada vídeo que creas y cuelgas en la red* —explica Villar—. *De esta manera, YouTube, en vez de suponer una frustración, puede convertirse en algo que incluso puede lograr que superemos estados de ánimo bajos gracias al feedback que tienes de parte de la audiencia... eso se transmite en los vídeos, lo percibe quien te ve y poco a poco se ganan reproducciones, que, al fin y al cabo, es el único dato objetivo que supondrá la obtención del partner y, en consecuencia, de los beneficios.*»

> La mejor fórmula es trasladar las pasiones de nuestra mente al canal de YouTube y disfrutar de cada vídeo que creas y cuelgas en la red.

En efecto, no podemos esperar ganar dinero desde el primer día; hacer crecer el canal es un proceso lento y laborioso. Para **David Mendoza**, experto en YouTube y reclutador de VISO Network: «*Este es un tema que los jóvenes malinterpretan y muchas veces creen que subiendo uno o dos vídeos se harán famosos. Pero no, esto* *requiere un gran esfuerzo y algo de suerte. Hoy en día solo unas cuantas personas generan los ingresos suficientes para poder vivir de YouTube. Desde mi experiencia, puedo decir que los ingresos que puedes obtener haciendo vídeos, más o menos vistos por diversas personas, te dan para comprarte un juego de Xbox de segunda mano al mes, por poner un ejemplo».*

Por tanto, al principio deberemos tener paciencia e ir creciendo poco a poco. Mendoza añade que «*las networks de YouTube dedicadas al partner buscan que los canales cumplan un mínimo de visitas al mes. La media se encuentra en un mínimo de 8.000 visitas al mes, pero con esta cantidad se gana muy poco. Eso sí, estos ingresos motivan mucho a los jóvenes a hacer crecer sus canales con más contenidos y a mejorar la calidad de sus vídeos*».

Pero vayamos a lo que realmente interesa: ¿es posible vivir de nuestros vídeos? ¿Y cuántas visitas mensuales debemos tener realmente? **Bruno Villar** asegura «*sin ninguna duda*» que se puede vivir de YouTube y añade que: «*Si yo gano al mes entre 150 y 200 dólares con unas reproducciones que rondan una media de entre 18.000 y 20.000 reproducciones diarias, y hay usuarios que generan al día más de 500.000 reproducciones de sus vídeos, o incluso superan el millón... es suficiente con hacer una regla de tres para calcular lo que ganan al mes*». Si realizamos esta regla de tres que nos propone **SEOArtículo**, con los valores de 150 dólares mensuales por 18.000 reproducciones diarias, nos dará la magistral cifra de 3.750 dólares mensuales para casi medio millón de visitas al día. Con esto sí que podríamos vivir de YouTube.

Aun así, este cálculo es solo aproximado, ya que el pago por anuncios que ofrece YouTube es muy variable: ni todas las visitas serán pagadas, ni todas tendrán el mismo coste. GoogleAdSense tiene en cuenta muchas variables que influyen en el pago de los anuncios: edad y sexo de los usuarios que ven el vídeo, tema que trata (según el tipo de contenido llevará un anuncio más o menos bien pagado), idioma del vídeo (los que están en inglés, sobre todo de Estados Unidos, Australia y Reino Unido, son los que se pagan mejor), la época del año en que estamos (por las fiestas navideñas hay más anunciantes) y si el usuario clica sobre el anuncio o, por el contrario, lo omite.

Así pues, queda claro que no hay una fórmula concreta para calcular las ganancias de YouTube, pero sí una aproximada: nosotros creemos que el pago por cada 1.000 visitas está entre uno y siete euros. Otra manera posible de calcular los beneficios que podemos obtener de YouTube es mirando la web **Socialblade**. Este portal te permite hacer un cálculo rápido y aproximado de lo que gana cualquier canal de YouTube. Hay que añadir, sin embargo, que nosotros lo hemos probado y creemos que tiende a ser bastante generoso con sus cálculos.

142⇨

Para acabar, hay que hacer referencia a la herramienta creada por YouTube, **Content ID**, que sirve para identificar automáticamente

143 ⇓

los contenidos que se suben a la plataforma. Como explicaremos más detalladamente después, esta herramienta permite a productoras y discográficas llevar a cabo un seguimiento de sus contenidos y decidir si los monetizan o no. Es una opción que YouTube deja al servicio de las creadoras de contenidos para que controlen sus producciones. Un gran ejemplo de ello son los canales musicales de YouTube, VEVO, que generan una gran fortuna.

▪ vías de financiación externas a youtube

Las marcas no pueden cuestionarse si tienen que estar o no en la plataforma.

La audiencia que tiene YouTube actualmente es de mil millones de usuarios únicos cada mes. Tal como ha mencionado el portal en repetidas ocasiones «*Si YouTube fuese un país, sería el tercero más grande del mundo*». Eso hace que las marcas no puedan cuestionarse si tienen que estar o no en la plataforma. YouTube les ofrece un canal donde poder colgar sus vídeos, en alta definición y gratuito. Esto es una ventana para poder comunicarse con el mundo.

Además, YouTube dispone de una opción muy interesante que pueden usar las marcas para vender sus productos (siempre que estos se encuentren en una de las tiendas autorizadas por YouTube. En las anotaciones de los vídeos, disponemos de la opción de artículos o merchandising, que permite a las marcas añadir un enlace a una tienda online externa, encima

144 ⇓

de los vídeos. De esta manera, nuestro vídeo de YouTube puede funcionar como un escaparate del producto.

Esto abre las puertas a una nueva creatividad para algunas tiendas online. Muchas ya habían realizado vídeos *shoppables* (donde se pueden comprar los productos que vemos) en sus portales. Pero ahora, con esta nueva opción de YouTube, podemos crear los shoppables dentro de la plataforma. Nos encanta este ejemplo creado por Juicy Couture y realizado por Terry Richardson.

145⇨

Por otro lado, la fama que están consiguiendo algunos youtubers a nivel internacional ha hecho que las grandes marcas multinacionales abran los ojos. Canales temáticos en YouTube con más de 4 millones de seguidores y millones de visitas hacen que estas marcas vean en los youtubers una gran oportunidad para anunciarse, ya que son potentísimos *influencers* en la sociedad.

Algunos de estos youtubers usan la técnica del product placement (aunque no está muy bien vista entre los vloggers), que consiste en introducir en los vídeos algún producto o marca para que la utilice el protagonista o bien tenga un papel en el transcurso de la historia. Esta técnica no es nueva, se popularizó en los años ochenta y servía, y sirve, como vía de financiación para la producción de cine y programas de televisión. El product placement se emplea sobre todo en vlogs de consejos de belleza y cocina, que usan marcas de maquillaje, ropa, cocina, etc.

Simultáneamente, otros youtubers también están colaborando con multinacionales conocidas para promocionar sus productos y ganar un dinero extra. Este es el caso del famoso cantante y youtuber **Kurt Hugo Schneider** (en colaboración con Sam Tsui y el violonchelista Kevin Olusola), que firmaron con la marca Coca Cola para realizar un par de vídeos usando botellas de cristal como instrumento. Hay que añadir que, en este caso, la marca le dio total libertad creativa y este fue el resultado.

También en España podemos ver ejemplos de colaboraciones con marcas, como por ejemplo el youtuber JPelirrojo, que ha firmado un contrato de colaboración con la tienda online Worten y ya ha realizado algunos anuncios televisivos.

cómo monetizar mis vídeos

Para convertirnos en youtubers de verdad y vivir de nuestras producciones, debemos monetizar nuestros vídeos. Cuando hablamos de monetizar los vídeos de YouTube nos referimos a ganar dinero con las reproducciones. Actualmente, hay dos opciones para lograrlo: la primera es hacerse partner de YouTube, es decir, socio de YouTube, mediante GoogleAdSense; y la segunda, asociarse con una de las redes multicanal existentes, más conocidas como networks. Posteriormente explicaremos las ventajas e inconvenientes que tiene cada opción y así podremos seleccionar la que se adapte mejor a nuestras necesidades.

■ partner de youtube con google adsense:

YouTube dispone de un programa de partners que permite a los usuarios colocar publicidad en sus vídeos y obtener ingresos de ellos. Así pues, para empezar a ganar dinero con nuestras creaciones tendremos que activar el usuario partner. Hace cierto tiempo, ser partner en YouTube era muy complicado, ya que se tenía que enviar una solicitud a la plataforma, se analizaba tu canal y al cabo de unas semanas, si se pensaba que este era adecuado, se concedía la actualización. Pero actualmente esto ha cambiado y es mucho más fácil.

149 ⇩

Explicaremos el proceso que debemos seguir para ser partners de YouTube con Google AdSense en tres sencillos pasos:

1 ➡ Verificar tu canal para activar las opciones avanzadas. Debemos tener en cuenta que para ser un partner o socio de YouTube nuestro canal tiene que encontrarse en buen estado, sin cometer infracciones, o *strikes*, de la política de derechos de autor de YouTube.

¿Qué son los strikes?
Lo encontraréis
en el Glosario.

150 ⇩

2 ➡ Crear una cuenta Google AdSense y asociarla a nuestro canal de YouTube. AdSense es un sistema creado por Google que sirve para administrar la publicidad de millones de webs actuales. Esta tecnología permite que los anunciantes paguen por colocar publicidad en sitios web y que estas páginas puedan cobrar dinero por incluir anuncios en sus propios contenidos.

151 ⇩

3 ➡ Activar la opción de obtener ingresos en el cuadro de funciones..

Una vez YouTube nos activa el canal como partners, lo que debemos hacer es activar la opción de monetizar los vídeos que aparece en el gestor de vídeos. A partir de este momento comenzaremos a generar ingresos con las visitas.

Duel (Butifarra-Western) HD
28 de noviembre de 2010 21:37
3:53   Editar ▼   Crear un anuncio para este vídeo

152 ⇩

YouTube ha actualizado la información de su web para explicar los pasos que deben seguirse para convertirse en partner de la plataforma.

Normas de la comunidad	● En buen estado	
Acciones de derechos de copyright	● En buen estado	
Reclamaciones de Content ID	● En buen estado	

Función	Estado	Descripción
Obtención de ingresos	●	Ver configuración de obtención de ingresos
Vídeos de mayor duración	●	Puedes subir vídeos de más de 15 minutos. Más información
Anotaciones externas	●	Te permite vincular anotaciones con sitios externos o partners con merchandising. Más información
Miniaturas personalizadas	●	Elige la miniatura de tus vídeos subiéndola tú mismo. Más información
Suscripciones de pago	●	Para habilitar esta función debes tener como mínimo 10.000 suscriptores. Más información
Apelaciones de Content ID	Activar	Verifica tu cuenta para apelar las impugnaciones de Content ID rechazadas. Más información
Vídeos privados y ocultos	●	Te permite tener vídeos privados y ocultos. Más información
Eventos en directo	Activar	Permite emitir eventos en directo. Más información

▪ partner de youtube con una network

Empezaremos explicando qué es una network de YouTube. La podríamos definir como una empresa externa a la plataforma que se dedica a gestionar la publicidad que aparece en los vídeos de sus canales afiliados. De esta manera podemos obtener anuncios de mayor calidad y otras ventajas.

Uno de los requisitos que se pide antes de firmar un contrato con una network es ser partner de YouTube, tal como hemos explicado antes. De esta manera YouTube se asegura que cumplamos con la política de derechos de autor de la plataforma. Una vez que seamos partners seleccionaremos la network que más nos guste y rellenaremos el formulario de inscripción. En unos días sabremos si nos aceptan.

Para poder firmar con una network, nuestro canal tendrá que cumplir con algunos requisitos, que variarán ligeramente según el tipo de network que escojamos. ¿Y cuáles son estos requisitos? Pues, básicamente, tener un mínimo de reproducciones y suscriptores en nuestro canal —de media serían 500 visitas diarias y 500 suscriptores—, y no tener strikes en nuestros vídeos. Una vez que nos aprueben el acceso, simplemente tendremos que firmar un contrato —normalmente de un año— y, después, empezar a subir y monetizar vídeos.

▪ ¿me conviene más una network o google adsense?

Si empezamos a navegar por la red buscando la verdad absoluta sobre ser partner no llegaremos a ninguna conclusión. Las opiniones son muy diversas; los youtubers más importantes difieren los unos de los otros y encontraremos teorías buenas y malas sobre cada opción. Así pues, tendremos que ser nosotros mismos los que decidamos lo que queremos hacer: ¿nos quedamos con Google AdSense o firmamos un contrato con una network? Y si escogemos la segunda opción, ¿con qué network es mejor que firmemos?

Para explicar esto hemos preparado una tabla con las diez ventajas y los diez inconvenientes de cada opción. Hay que destacar que estas características podrían variar ligeramente entre una network y otra.

➡ si somos partners con youtube

<u>ventajas</u>:

- ☑ Se reparten los beneficios entre el partner y YouTube.

- ☑ Pagan mediante AdSense (con un cheque de Western Union).

- ☑ Podemos importar miniaturas personalizadas.

- ☑ Podemos ser partners fácilmente y desde el primer día.

- ☑ Podemos hacer GoogleHangouts.

- ☑ No tienes ningún contrato con nadie. Eres libre de hacer lo que quieras.

- ☑ Podemos producir en los estudios de Youtube-Space si tenemos más de 10.000 suscriptores.

- ☑ YouTube comienza a ofrecer librerías de música libre de derechos.

- ☑ YouTube tiene el dominio y no recomienda a los partners entrar en una network.

- ☑ Podemos programar subidas de vídeos automáticas.

inconvenientes:

- ☑ No cobras hasta que consigues un mínimo de 100 dólares.

- ☑ No tienes ningún agente que te proporcione algún tipo de soporte por parte de YouTube.

- ☑ No puedes subir contenidos con copyright (música, videojuegos, TV, etc.).

- ☑ La monetización tarda más en activarse.

- ☑ Nos colocan publicidad de buena y mala calidad.

- ☑ Si tienes dudas has de buscar las soluciones en los foros de Google.

- ☑ Para entrar no podemos tener strikes de YouTube.

- ☑ Debemos ser muy respetuosos con el contenido de terceros.

- ☑ Pagan por cada clic en el anuncio del vídeo. Siempre tendremos más reproducciones que clics.

- ☑ No debemos clicar en la publicidad que aparece en nuestros vídeos porque se considerará esto como algo fraudulento.

➡ si somos partners con una network

ventajas:

- ☑ Cobras cada mes, con un mínimo de 20 dólares.

- ☑ Pagan mediante PayPal.

- ☑ Podemos importar miniaturas personalizadas.

- ☑ Tenemos derechos para poder subir imágenes de videojuegos.

- ☑ Tenemos librerías de buena música que podemos usar.

- ☑ Se monetizan los vídeos en el momento de subirlos.

- ☑ Colocan publicidad de calidad, mejor pagada.

- ☑ Ofrecen un buen soporte, solución de problemas y dudas de los partners.

- ☑ Te ofrecen herramientas de optimización adicionales.

- ☑ Te mantienen informado de las novedades de YouTube.

inconvenientes:

- ☑ Se reparten los beneficios entre el partner, la network y YouTube.

- ☑ Tienes que firmar un contrato de un año.

- ☑ Si dejamos la network perdemos los derechos del copyright, de la música y de los videojuegos que nos dejaba usar.

- ☑ Muchas solo están en inglés.

- ☑ Hay networks muy poco fiables.

- ☑ Algunas no cumplen con los plazos de pago.

- ☑ Necesitas un mínimo de suscriptores para que te acepten.

- ☑ Necesitas un mínimo de visitas mensuales para que te acepten.

- ☑ Para entrar no podemos tener strikes de YouTube.

- ☑ No puedes hablar de los beneficios económicos que te genera el canal.

Así pues, en el cuadro vemos que tanto una opción como la otra son válidas. Esperemos que os sirva para tomar una decisión según vuestras necesidades. Pero hay que destacar que uno de los factores más determinantes es la manera en que se distribuyen las ganancias. Los partners de AdSense se reparten el dinero solo entre el partner y YouTube. Por otro lado, los partners de la network se reparten los beneficios en tres partes: el partner, la network y YouTube. Esto, a primera vista, hace pensar que siempre sería mejor estar con AdSense, ya que hay menos partes que repartir, pero esto no es del todo cierto. Como vemos en el cuadro, las networks seleccionan muy bien los anunciantes que ponen en sus vídeos y estos son siempre los que pagan mejor. De esta manera, es más probable que, aunque haya más gente para repartir, también se gane más dinero. Pero hay demasiadas variables que deben tenerse en cuenta para asegurarlo. Para acabar, explicaremos cómo YouTube y las networks reparten los beneficios de la publicidad:

YouTube con Google AdSense	
Partner 65%	YouTube 35%

Para la network pondremos como ejemplo VISO		
Menos de 40.000 visitas mensuales	Partner 60%	Network 40%
Más de 40.000 visitas mensuales	Partner 70%	Network 30%
Más de 500.000 visitas mensuales	Partner 80%	Network 20%

¿cuáles son las mejores netwoks?

Hay centenares de networks para escoger. Algunas son mejores que otras y cada una tiene sus características. En este libro no vamos a entrar a valorar los requisitos que exige cada una para entrar, ni un ranking de las mejores, ni a hablar de los porcentajes de ganancias que ofrece cada una, pero sí que hablaremos de las cinco networks que, en nuestra opinión, están más de moda y más bien valoradas en la red:

☑ Machinima:
-Network enfocada a vídeos Gameplay
-Requisitos de entrada bastante altos: 500 visitas al día y 500 suscriptores.
-ElrubiusOMG está en esta network
-Buen apoyo a sus partners
-Seriedad en los pagos
-Dispones de derechos de autor de algunos videojuegos y música

153⇨

☑ Full Screen:
-Especializadas en vlogs y variedad de vídeos
-Requisitos de entrada bastante altos: 500 visitas al día y 500 suscriptores.
-Buen apoyo a sus partners
-Seriedad en los pagos pero pago a partir de 100 dólares
-La violinista Lindsey Stirling y PSY están en esta network

154⇨

☑ TGN:
-Network enfocada a vídeos Gameplay
-Requisitos de entrada muy altos: 1000 visitas al día y 1000 suscriptores.
-Buen apoyo a sus partners
-Seriedad en los pagos

☑ VISO:
-Especializadas en vlogs y variedad de vídeos
-Buen apoyo a sus partners
-Seriedad en los pagos
-Sethbling está en esta network

☑ Mitú:
-Especializada en canales de tipo belleza y cocina
-Buen apoyo a sus partners
-Seriedad en los pagos
-Está en español

Esta selección de networks es totalmente subjetiva, sabemos que hay otras muy buenas que también podrían constar. Además, está sometida a los cambios que pueda hacer la propia empresa en cualquier momento. En todo caso, queremos que sirva para hacernos una idea general de lo que podemos encontrar en la red más que como una selección de las cinco mejores.

Según YouTube, más de mil millones de visitantes únicos acceden cada mes a la plataforma y se suben más de 100 horas de contenidos audiovisuales cada minuto. Así pues, es habitual que muchos de estos contenidos infrinjan la política de derechos de autor y los propietarios de estos derechos exijan responsabilidades. Para resolver este tema, YouTube ofrece la herramienta **Content ID**, una solución desarrollada hace tiempo y que ya usan muchos canales y creadores de contenidos.

Content ID es una herramienta automática del sistema que básicamente permite identificar todo el contenido, o parte de él, además del audio y del vídeo que se sube a YouTube a partir de un fichero original que previamente haya sido registrado. Más información en el vídeo. Así pues, esta es la opción que ofrece YouTube para que los autores y titulares de derechos se sientan más seguros y puedan decidir qué hacer con sus creaciones.

158⇨

Según María Ferreras, directora de Alianzas Estratégicas de YouTube en España, el propietario de los derechos tiene varias opciones para gestionar sus contenidos: puede realizar un seguimiento, puede obtener estadísticas o bloquearlos. Paralelamente, también puede decidir si quiere monetizar o no sus vídeos. Estas políticas son variables y pueden ir adaptándose según nuestras necesidades.

■ gestión del copyright

bloqueo del contenido ➡ Cada vez que un usuario sube un vídeo en YouTube vemos dos barras de proceso, una de subida y otra de procesamiento. Es en la segunda cuando Content ID analiza el contenido y busca coincidencias en su base de datos. Solo necesita entre 5 y 20 segundos para encontrar estas similitudes entre píxeles y formas de onda.

Una vez acabado el proceso, si la herramienta ha encontrado las coincidencias, con la interficie de Content ID tendremos un dominio total de cualquier copia de nuestro contenido. Así podremos bloquear el audio o el vídeo de cualquier archivo.

generar ingresos ➡ Hay diversas formas directas e indirectas de generar ingresos utilizando el Content ID. Como hemos dicho antes, la herramienta nos permite monetizar o, lo que sería lo mismo, activar la opción de generar dinero con la publicidad que aparece en cada vídeo. Además, si el sistema ha detectado otros vídeos de los cuales disponemos de los derechos, también los podremos monetizar.

Por otro lado, en el caso de que nuestros contenidos sean música o películas, podemos obtener ingresos indirectos poniendo un enlace visible al lado de la información. Así, cualquier interesado en nuestro producto lo podrá comprar en iTunes, Google Play o cualquier tienda online externa en YouTube.

promover tu contenido ➡ Las agencias de publicidad tienen muy clara la importancia del vídeo online en la red. Además, las estadísticas revelan el aumento de la inversión en publicidad online, año tras año. Así pues, los usuarios o la audiencia escogen el contenido que quieren ver y el lugar donde lo desean mirar, y lógicamente, los anunciantes siempre irán donde está esta audiencia.

obtener detalles de la audiencia ➡ Realizando un seguimiento de nuestros contenidos obtendremos unos datos que nos permitirán conocer a nuestro público. Por ejemplo: imaginemos que una productora española de contenidos produce una webserie para YouTube; con la herramienta Content ID está llevando a cabo un seguimiento de la audiencia: reproducciones, edades, demografía. Con estos datos, hemos observado que en Chile nuestra webserie tiene mucha audiencia online y decidimos usar estos datos para ir a vender el proyecto a una televisión del país. Seguramente, los datos extraídos de YouTube serán una buena razón para que la televisión se piense dos veces nuestra oferta.

Ferreras nos pone como ejemplo una película que se estrenó en la India, un film de Bollywood. En este caso, la productora decidió registrarla en YouTube con la herramienta de Content ID y, después, crearon una política que solo dejaba que los usuarios de YouTube subiesen cortes de menos de 4 minutos. Estos clips servirían a la productora para promocionar la película, pero todo lo que duraba más de 4 minutos quedaba bloqueado y no podía verse. Además, todos los clips que subieron se monetizaban para obtener otra vía de financiación.

Otro ejemplo es el caso de los famosos humoristas Monty Python. Ellos fueron de los primeros en ver las posibilidades que ofrecía YouTube, y a finales de 2008 ya empezaron a monetizar sus vídeos. Para promocionar su canal hicieron un vídeo muy especial que comenzaba, en tono irónico, amenazando a los espectadores por haberse bajado sus películas. Pero de inmediato informaban de que mirasen los nuevos clips que habían colgado en YouTube. Los Monty Python fueron pioneros a la hora de aplicar este nuevo modelo de negocio y supieron hacerlo bien. Todos estos clips llevaban enlaces a la tienda online de sus películas y, gracias a ello, tuvieron dos grandes sorpresas. Por un lado, empezaron a recibir dinero por las visitas de YouTube y, por otro, se dieron a conocer al público más joven que nunca les había visto. Todo ello provocó que las ventas de sus DVD se disparasen y en una semana subiesen hasta el número 2 de los más vendidos de Amazon.

159 ⇩

→

Hay que destacar que conseguir activar la herramienta de Content ID para nuestro canal no es tan fácil. No es una opción incluida en todos los canales básicos, ni tan solo en los partners. Para conseguir esto se tiene que solicitar a YouTube expresamente y demostrar que nuestro canal crea contenidos y que respe-

ta la política de derechos de autor. Esta opción se encuentra disponible con un cuestionario online en la web de YouTube.

No resulta extraño que esto sea así, ya que si una herramienta como Content ID estuviese disponible para todo el mundo, cualquiera podría apropiarse ilegalmente del contenido que quisiese y sería un caos. Obviamente, si se produce cualquier fraude o mala práctica al usar Content ID, la plataforma podría eliminar esa cuenta concreta de YouTube.

160⇨

Hay que decir que YouTube no es ni editor ni creador de contenidos. Jurídicamente es un proveedor de alojamiento. Esto significa que proporciona las herramientas para que los usuarios puedan alojar sus vídeos pero bajo su responsabilidad. No hay un filtrado previo por parte de la plataforma sobre qué vídeo se puede o no subir. Simplemente, cuando se identifica un archivo que incumple la política de derechos de YouTube, se borra rápidamente. Aquí tenéis la política de derechos de autor en YouTube:

> YouTube no es ni editor ni creador de contenidos. Jurídicamente es un proveedor de alojamiento. Los usuarios alojan sus vídeos pero bajo su responsabilidad.

161⇨

el poder del videomarketing

Hasta hace pocos años, la televisión y el cine eran los únicos medios de comunicación que permitían a las marcas emitir contenidos audiovisuales para la sociedad de masas. Pero a muchas empresas les resulta difícil anunciarse en estos medios porque son por naturaleza muy costosos (tanto en la producción audiovisual como en el coste de emisión de la pieza). Esto hace que estos espacios publicitarios estén reservados únicamente a empresas que tengan un presupuesto en publicidad más generoso.

Hoy en día, en plena sociedad de la información, todo esto ha cambiado y existen otras alternativas mucho más económicas para llegar a nuestro público potencial. El vídeo online representa una de las tendencias de mayor crecimiento en internet. Estos se debe a dos factores: la cantidad de plataformas online (como YouTube, Vimeo, Metacafe, Dailymotion o Hulu) que son gratuitas y permiten alojar vídeos de alta definición. Y, por otro lado, la buena aceptación que tiene este formato entre las personas (la imagen y el sonido hacen que sea el formato más similar a la realidad).

■ vídeo online vs. televisión convencional

Para hacernos una idea de cuáles son las características de la televisión convencional y del vídeo online, hemos preparado este cuadro:

Vídeo online	Televisión convencional
El coste de la producción es más elástico (podemos encontrar desde vídeos amateurs hasta superproducciones).	El coste de la producción del vídeo es elevado.
El coste de emisión es gratuito (voluntariamente podemos pagar para promocionar un anuncio en concreto).	El coste de emisión en los medios es alto (variará según el medio, la hora y las reproducciones).
Podemos llegar a todo el mundo o bien segmentarlo por países.	Hay segmentación autonómica o nacional.
Podemos ser más elásticos con la duración de la pieza.	Las piezas son aproximadamente de 15 a 40 segundos.
Podemos crear contenidos periódicos (crear una estrategia de vídeos). El vídeo quedará colgado en la red hasta que queramos.	Debemos marcar un inicio y un final para la campaña de emisión.

Vídeo Online	Televisión convencional
Nos dirigimos directamente a nuestro target o clientes potenciales.	Nos dirigimos a mucha audiencia, pero no todos son clientes potenciales.
Tenemos que ser más creativos para llegar a la audiencia.	Tenemos que ser muy creativos para destacar por encima de los demás.
El vídeo tiene la posibilidad de convertirse en viral.	No todas las empresas se pueden permitir hacer publicidad en la televisión.

Así pues, parece que todo se decanta a favor del vídeo online, pero no es así. Actualmente, los medios tradicionales como la televisión siguen siendo necesarios para las marcas. Por esta razón, muchas empresas, para optimizar sus resultados, han deducido que tienen que crear sus estrategias combinando vídeo online y offline.

Por ejemplo, uno de los casos de éxito más recientes es el anuncio de Volkswagen llamado The Force. Este anuncio, aunque sea muy arriesgado hacerlo de esta manera, se pensó para dos plataformas, televisión e internet. Era lo bastante innovador y divertido para funcionar en internet, y no demasiado transgresor para pasarse por televisión en franjas de prime time o horario estelar. Se estrenó en la media parte de la Superbowl, el acontecimiento deportivo más exitoso de Estados Unidos, el cual se calcula que tiene una audiencia de 120 millones de espectadores. El coste de emisión invertido por Volkswagen fue de 3 millones de

162⇨

dólares. En paralelo, se colgó el anuncio en el canal de YouTube de la marca, lo que costó o dólares, y ha tenido hasta ahora una repercusión de más de 58 millones de reproducciones. Pensad en estos datos y sacad vosotros mismos las conclusiones.

Véase también el apartado «Empresas que han triunfado con YouTube».

El vídeo, por sí solo, siempre ha sido un formato muy eficaz para explicar cualquier cosa. Tiene un gran poder de persuasión y las cualidades necesarias para transmitir sentimientos y emociones al espectador. Si además lo combinamos con las redes sociales y especialmente con YouTube, se convierte en una herramienta poderosísima para las marcas. **Rafa Soto**, director creativo de Herraiz Soto & Co, asegura que *«las personas tenemos un imán hacia todo lo que es audiovisual. Creo que cada vez más, por suerte o por desgracia, todo lo que se pueda explicar en formato de vídeo, acabará siendo un vídeo. Y esto incluye casi todo».*

163 ⇩

164 ⇩

➡ "un minuto de vídeo online equivale a 1.8 millones de palabras"

Esto es lo que dice un estudio realizado por Forrester Research, la prestigiosa empresa estadounidense experta en estudios de mercado. Y no se queda aquí, hay un montón de estudios realizados sobre esta tendencia videográfica creciente:

➡ "100 millones de personas consumen vídeos online cada mes" Según ComScore.

➡ "tener un vídeo online aumenta un 64%la posibilidad de que el usuario compre" Según ComScore.

➡ "más del 90% de los compradores creen que el vídeo es útil para tomar decisiones de compra" Según ComScore.

▪ ventajas del videomarketing online:

➡ **es una gran herramienta de posicionamiento web** → Es un elemento muy importante para desarrollar una buena estrategia SEO (Search Engine Optimization). Google es el buscador más usado de la red y tiene muy clara la importancia que tiene el vídeo actualmente. Google posiciona 53 veces mejor el vídeo que otros contenidos web. Esto hará que cualquier empresa que disponga de vídeo online en su web (debidamente optimizado) pueda aparecer con más facilidad en las primeras posiciones del ranking de Google.

➡ **genera más tráfico y permanencia en nuestra web** → Las webs que disponen de vídeo consiguen aumentar su tráfico: muchas visitas vendrán a partir de nuestros vídeos y los usuarios que visiten directamente nuestra web le dedicarán más minutos.

➡ **branding. mejora la reputación de marca** → Si creamos contenidos de calidad, conseguiremos empatizar con nuestro público más fácilmente. Podemos transmitir sensaciones, emociones, humor y formas de vivir. Todo ello hace que la reputación de nuestra marca gane valor y crezca positivamente..

→ *engagement* (compromiso) → El vídeo es un formato idóneo para crear una experiencia única para nuestro público. Eso nos diferencia de la competencia y genera compromiso con nuestros clientes. Así lograremos más seguidores de nuestra marca.

Hay que añadir que YouTube ofrece las mismas oportunidades para darse a conocer a una empresa grande que a una pequeña. Las herramientas son las mismas para todos: será la creatividad, y no el coste de la campaña, lo que marcará la diferencia. **Pablo Alzugaray,** fundador y presidente de la agencia de publicidad Shackleton Group, considera que YouTube y las redes sociales han supuesto un gran estímulo para incentivar la creatividad que nos obliga a superarnos día a día. **Alzugaray** añade: «*En los medios tradicionales la mayoría de veces hacemos algo que la gente no quiere ver. De hecho pagamos para que nos coloquen "cerca" e "interrumpiendo" lo que la gente sí quiere ver: películas, noticias o un partido de fútbol. En las redes sociales con eso no basta; es fundamental que el contenido sea interesante para la audiencia*».

165 ⇩

youtube en el mundo discográfico

En pocos años, la plataforma YouTube se ha posicionado como uno de los pilares fundamentales para las discográficas y artistas de todo el planeta. Este fenómeno mundial ha cambiado por completo la manera de consumir videoclips de millones y millones de personas de todo el mundo.

Robert García, *digital media mánager* de Música Global, considera que: «*YouTube se ha convertido en imprescindible para las discográficas actuales*». Añade que no solo sirve al artista para promocionarse, sino que, además, es útil para el espectador porque puede ver videoclips sin ningún coste económico.

Del mismo modo que en los años ochenta, el canal de televisión MTV revolucionó la industria musical, hoy esta plataforma ha tomado el relevo y ha conseguido democratizar el consumo de videoclips. ¿Por qué debemos ver y oír los contenidos que nos ofrecen los medios de comunicación tradicionales (canales de televisión y de radio), cuando actualmente, con YouTube y los dispositivos móviles, podemos ver lo que queramos cuando lo deseemos?

El modelo de negocio de las discográficas tradicionales ha cambiado mucho, y justamente ahora se reinventa día a día. Después del batacazo que supuso para la industria el nacimiento de internet y plataformas como Napster o eMule, parecía que nunca más saldrían de aquel agujero negro. Actualmente, sin embargo, el negocio se está reactivando, y gracias a plataformas como Spotify, Deezer y YouTube ya empieza a verse la luz al final del túnel. A pesar de ello, todavía queda mucho camino por recorrer

Marc Cuevas, *digital manager* de Roster Music, asegura que: «*Servicios como Spotify y Deezer, o plataformas de vídeo como YouTube, hacen que consumir música sea más rápido y fácil que descargar un archivo de internet. Aun así, la movilidad (la posibilidad de disfrutar de estos servicios en un soporte móvil, como un smartphone o una tablet) tiene un coste para el usuario en forma de suscripción premium, y eso tiene como consecuencia que en algunos casos el usuario decida llenar su reproductor con descargas ilegales*».

166 ⇩

167 ⇩

168 ⇩

Por otro lado, YouTube ha abierto una ventana al mundo para muchos artistas desconocidos que, desde su casa, con más o menos talento, pueden grabarse y demostrar qué son capaces de hacer. Seguro que todos habéis oído hablar de los casos de Pablo Alborán o Xuso Jones, citados en este libro, y no son los únicos. En la red hay muchos diamantes en bruto que con la ayuda de un buen A&R (la división de una discográfica dedicada a descubrir y supervisar a nuevos talentos) podrían pulirse y convertirse en estrellas de la música. Ricard Campoy, presidente de Roster Music, nos cuenta que las compañías discográficas actuales están muy pendientes de lo que pasa en YouTube.

Ejemplos de esto son: Fraag Malas, Michel Teló o Jose de Rico & Henry Méndez, que han sido algunos de sus fichajes como *headhunters* de YouTube.

▪ la importancia del videoclip

Desde 1970, cuando las discográficas empezaron a usar el videoclip, este ha sido de suma importancia para la promoción de artistas de todo el mundo. Pero actualmente, con la irrupción de las redes sociales, se ha convertido en un elemento imprescindible para dar a conocer un producto. **Eduard Puig**, content mánager y experto en redes sociales de Roster Music, considera que, hoy en día, se da mucho más valor al artista presentando su nuevo videoclip que no al lanzamiento de la canción. **Daniel Valls**, director de marketing de la misma discográfica, añade: «*Cuando una canción viene acompañada de un videoclip se convierte en un elemento que el usuario comparte mucho más en las redes sociales. El videoclip siempre ha sido una acción de marketing, pero, con el nacimiento de YouTube también pasó a ser una fuente de ingresos para la discográfica gracias a la publicidad insertada*».

❯ la plataforma de youtube vevo

Fue durante el mes de diciembre de 2009 cuando Google creó la plataforma musical

VEVO. Esta nueva marca es una asociación entre el mismo Google y algunas de las discográficas multinacionales más importantes (Sony Music Entertainment, EMI, Universal Music Group, Abu Dhabi Media Company y Arthur Music Company). Este servicio utiliza la plataforma de YouTube para distribuir los videoclips de los artistas de estas discográficas.

El objetivo principal de la plataforma VEVO es poder gestionar la publicidad que aparece en sus videoclips y así asegurarse de que los anunciantes sean de calidad. Los beneficios de esta publicidad se reparten entre Google y los componentes de VEVO.

videomarketing para empresas y marcas

Comenzaremos este punto con dos preguntas: ¿qué es videomarketing? Una estrategia del marketing online donde el vídeo es la herramienta principal. ¿Y qué es YouTube marketing? Es una estrategia del marketing online donde el vídeo en YouTube es la herramienta principal.

Seguimos: cada vez más, las marcas y las empresas amplían su presupuesto anual en videomarketing online. Son muy conscientes de las ventajas que aporta esta tendencia. La gente consume vídeos en línea (sobre todo el público más joven), y adonde vaya la gente, irá también la marca.

Actualmente, existen muchas tendencias relacionadas con el videomarketing que usan las marcas. En este punto hablaremos de las más importantes y pondremos algunos ejemplos de éxito.

■ la mejor opción: youtube marketing

En la actualidad, la forma óptima de desarrollar videomarketing es a través de YouTube (es el portal videográfico con más usuarios registrados) y, después, compartiendo los vídeos en todas las redes sociales de las que disponemos. De esta manera podremos centralizar todas las visitas y comentarios en una misma aplicación, además de aprovechar las herramientas gratuitas que nos proporciona la plataforma, como Google Analytics, para monitorizar los datos de nuestros vídeos.

Los tipos de formatos y géneros audiovisuales que podemos utilizar en YouTube son muy numerosos: educativos, de entretenimiento, humorísticos, informativos, etc. Aun así, es una plataforma perfecta para innovar y probar nuevos estilos (posteriormente mencionaremos algunos de los géneros online más famosos).

Hay que destacar que la plataforma por sí sola no servirá de nada, solo se trata de una herramienta. Cuando una empresa se plantea usar las redes sociales, debe estar convencida de hacerlo: tendrá que crear una estrategia, trabajar los guiones, ser creativa e innovadora, optimizar los contenidos y crear campañas de difusión para sus vídeos. **Rafa Soto**, director creativo de la agencia Herraiz Soto & Co, añade que: «*YouTube es una herramienta de comunicación: si una marca tiene algo interesante que decir, YouTube le será de gran utilidad para llegar a su público. Ahora bien, si no tiene nada que decir, tiene un problema mucho mayor que estar, o no, en la plataforma*».

■ tres vías de youtube marketing

Hay tres maneras diferentes de crear una estrategia de videomarketing con YouTube. Podemos aplicar una de estas vías o combinarlas entre ellas.

1 ➡ marketing de contenidos (el contenido es el rey)

Es una estrategia que consiste en crear contenidos audiovisuales de calidad, que interesen a la audiencia y a nuestro público potencial. El objetivo es atraer visitas a nuestra web y conseguir aumentar las ventas y generar *branding*, mejorar la reputación de marca.

El marketing de contenidos es la respuesta a un problema: los consumidores cada vez son menos receptivos a la publicidad tradicional y tienden a ignorar los mensajes claramente comerciales.

para crear contenidos de calidad debemos cumplir con una serie de requisitos:

☑ Hacer que se aprenda algo o solucionar algún problema a la audiencia.

☑ La audiencia nos tiene que ver como un amigo que le ofrece ayuda.

☑ El objetivo es posicionar nuestra marca como experta en la materia, sin realizar publicidad intrusiva.

☑ Que se nos relacione con los contenidos que ofrecemos y no con una empresa a la que solo le interesa vender.

☑ Ser próximos y sinceros para empatizar con el público y los clientes potenciales.

☑ Escuchar la opinión de la audiencia para mejorar nuestros contenidos.

☑ Crear *engagement*, establecer un vínculo con nuestros clientes.

Uno de los elementos clave es dejar la información necesaria para facilitar el acceso a nuestro web y nuestros productos. En el caso de YouTube, podemos añadir la dirección web al final del vídeo y de la información de este.

Hay que añadir que el coste del videomarketing no debe ser necesariamente elevado. Hay muchas alternativas creativas que permiten crear una estrategia de marketing de contenidos con un presupuesto ajustado

2 ➡ vídeos virales o *buzz video*:

El concepto de vídeo viral nace del marketing viral. ¿Y qué es el marketing viral? Una técnica de marketing que utiliza a los usuarios de las redes sociales (YouTube, Facebook, Twitter, Instagram, Tuenti, etc.) para llevar a cabo una difusión masiva de un mensaje concreto con un objetivo. Por ejemplo, aumentar las ventas de una empresa o dar a conocer algún producto o servicio.

La palabra viral proviene del término virus, por la capacidad que tiene de reproducirse de forma exponencial. En inglés, sin embargo, también se usa el concepto buzz, que se traduciría como 'susurro'. Vendría a ser como el clásico boca-oreja que hace que un chisme corra como la pólvora o se propague como un virus.

La capacidad que tiene un vídeo viral para impactar en las personas es fantástica. No es publicidad intrusiva, normalmente llega recomendado o compartido por un amigo o un medio de comunicación de confianza. Eso hace que seamos mucho más receptivos al mensaje y que lo queramos comentar y compartir.

Ahora bien, el hecho de que el vídeo viral llegue a mucha gente no significa que arribe a muchos clientes potenciales, ni mucho menos. A menudo es más eficaz para nuestra marca crear contenidos periódicos de calidad para el canal de YouTube, con muchas menos visitas, pero más dirigidas a nuestro target. Hay que decir, sin embargo, que una combinación de las dos técnicas sería lo más adecuado.

¿Y cómo se crea un vídeo viral? Es una pregunta muy difícil de responder. Las claves para que un vídeo llegue a ser viral son muy diversas, pero no hay ninguna fórmula infalible para conseguirlo. Hay elementos necesarios para que un vídeo guste a las personas, como la emoción, la provocación, el humor, las historias de motivación y superación, etc. También debe tener calidad y ser profesional. No nos engañemos: es cierto que podemos colgar vídeos en YouTube grabados con el móvil, pero 9 de cada 10 vídeos virales colgados son de calidad (según el portal Mashable).

Debemos ser originales y arriesgarnos a hacer cosas diferentes. Cuantos más mensajes queramos explicar en un mismo vídeo más se complicará todo. Abrámoslo a todo el público, pues tenemos que conseguir que todo el mundo lo entienda fácilmente. Y para acabar, una vez tengamos el vídeo editado, llevaremos a cabo una planificación para difundir el vídeo por las redes sociales y los medios de comunicación. Sin campaña de difusión aún es más complicado que te toque la lotería.

Hay algunas señales para ver si un vídeo se encamina a ser viral o no: son los influencers, bloggers líderes de opinión, gurús de internet (como Reddit, Mashable, Buzzfed o el blog de Ray William Johnson), con millones de seguidores. O que nos haga un tuit algún famoso como Oprah Winfrey o Perez Hilton, con más de 6 millones de seguidores. Estos personajes son la clave: si ellos nos publican nuestro vídeo y hablan bien de nosotros, esta será una señal de que hemos hecho bien las cosas (muchos medios de comunicación están pendientes de los influencers, pues ellos pueden ser el detonante de que un vídeo se convierta en viral). Ahora bien, a ellos no los podemos engañar ni comprar; si detectan que el vídeo tiene trampa o es demasiado publicitario, no hablaran de él.

Uno de los factores a tener en cuenta es el tipo de mensaje que queremos dar a nuestro público. Ya sabemos que para hacer un viral tenemos que ser transgresores, originales, diferentes y arriesgados, pero también tenemos que ser previsores. Si nuestro objetivo es dar a conocer una marca o un producto, no todo vale. Por encima de todo, tenemos que dar un mensaje favorable para la marca, que el espectador acabe hablando bien de ella. Muchas campañas virales buscan (o encuentran) que se hable bien de ellas a cualquier precio, y no se dan cuenta de que un vídeo viral mal formulado puede perjudicar seriamente la reputación de su marca.

169 ⇨

Uno de los casos más recientes es la campaña que realizó **Loewe** para presentar sus nuevos bolsos en España. Esta campaña utiliza a doce jóvenes de Madrid, la mayoría hijos de iconos culturales de la movida madrileña de los años ochenta, para reflejar el actual espíritu de la ciudad. El resultado, un minidocumental que tiene poco o nada que ver con la realidad actual. En resumen, se creó un gran revuelo en las redes sociales y se convirtió en *trending topic* en Twitter. Surgieron varias parodias del vídeo en YouTube y fue el blanco de muchas burlas durante las semanas siguientes. No sabemos si para la marca ha sido un éxito o no esta campaña, pero lo que está claro es que los doce protagonistas no salieron muy favorecidos. En YouTube, la parodia del vídeo tiene muchas más visitas que el original.

170 ⇨

Otro ejemplo es el anuncio de televisión que realizó **Loterías y Apuestas del Estado** en 2013. Se trata de un anuncio sencillo, un villancico interpretado por varios cantantes famosos. En principio no debería tener ninguna complicación; una buena canción, un cuento de hadas, un buen director... Pero no fue así: centenares de parodias revolucionaron las redes sociales

171 ⇨

y lograron más popularidad que el original. El resultado del anuncio, por un mal diseño de producción y montaje, es terrorífico. Está más cerca de una película de vampiros que de un cuento de Navidad. No sabemos si para Loterías y Apuestas del Estado ha sido una buena campaña (eso se traduce en ventas) pero, como siempre, los perjudicados son los protagonistas del anuncio.

3 ▶ publicidad en youtube (trueview):

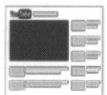

La filosofía de este libro es contraria a pagar para colocar publicidad en YouTube. Ahora bien, para las marcas, las opciones que da la publicidad en YouTube pueden ser de gran utilidad para crear una buena campaña de comunicación y llegar a su audiencia.

En general, esta magnífica filial videográfica de Google nos permite muchos formatos de anuncio diferentes y las mismas características que Google Adwords: pagas solo si los usuarios ven tu anuncio, segmentación de público por edad, sexo, lugar, palabras clave, etc.

TrueView
in-search

TrueView
in-display

TrueView
in-slate

TrueView
in-stream

■ llamada a la acción

Hay que destacar que, para aumentar las ventas del producto con los vídeos, uno de los recursos más usados en el marketing online es añadir un elemento de llamada a la acción. ¿Qué es un elemento de llamada a la acción? Pues un elemento en el vídeo (un botón, una anotación, una etiqueta o un destacado) que sirve para que el espectador sepa adónde puede ir si quiere conseguir el producto.

Este recurso se usa mucho en banners y anuncios de sitios web y redes sociales, pero también se puede aplicar en los vídeos. Como hemos comentado anteriormente, YouTube nos permite incorporar anotaciones sobre los vídeos y dispone de un lugar para escribir la descripción (aquí añadiremos la web del producto que vendamos).

Hay que añadir que los botones que incorporamos para suscribirte al canal de YouTube, o a otras redes sociales, también los consideramos elementos de llamada a la acción. Aunque no te dirijan a un sitio de compra, estos elementos nos permiten aumentar la comunidad de fans.

■ casos de éxito

Una de las marcas que mejor trabaja el marketing de contenidos en vídeo es **Red Bull**.

En el apartado "Empresas que han triunfado con YouTube" encontrarás más casos de éxito.

La marca se ha posicionado como experta en deportes extremos y patrocina toda clase de actividades y competiciones de alto riesgo. Red Bull no deja de publicar vídeos originales y espectaculares en su canal de YouTube. Esto crea un vínculo emocional entre la marca y el público, que se van convirtiendo en fans. El canal de YouTube dispone actualmente de más de 3 millones de suscriptores.

La mejor campaña: Felix Baumgartner cautivó a todo el mundo después de saltar desde 39 km de altura y romper la velocidad del sonido. Esta acción publicitaria, patrocinada por Red Bull, ha sido una de las iniciativas de marketing que, sin duda, pasará a la historia. Actualmente, el vídeo lleva más de 35 millones de visitas en YouTube.

Baumgartner era un saltador experimentado que se propuso un reto: saltar desde la estratosfera. El salto despertó el interés de espectadores y medios de comunicación, y en ningún momento se vio esta acción como una campaña de publicidad; era un reto. El acontecimiento se anunció y coordinó para emitirse en directo, y millones de personas siguieron el salto a través de internet en tiempo real. Rápidamente, llenó todas las portadas de los diarios de todo el mundo y la marca Red Bull se hizo presente en todas las fotos.

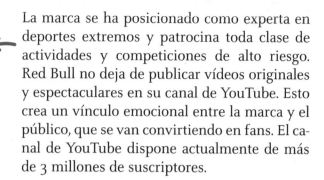

La marca **Orabrush** es otro ejemplo interesante de marketing de contenidos en YouTube. Con mucho menos presupuesto que Red Bull, han conseguido generar más de 42 millones

de visitas en sus vídeos y 193.000 suscriptores en el canal.

El Dr. Bob Wagstaff, de 75 años, dedicó muchos años de su vida a inventar un producto muy curioso: un cepillo para la lengua. Wagstaff intentó colocar este producto en el mercado, pero no tuvo suerte, fue un fracaso y no se vendió nada. Después de ello, decidió llevar a cabo un estudio de mercado para ver si el producto podría funcionar en internet. El resultado no fue demasiado optimista pero, aun así, decidió probar suerte. Podéis ver en este vídeo su historia de éxito.

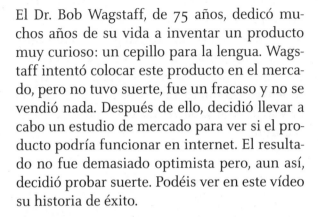

Wagstaff, aconsejado por los estudiantes de la Universidad de Brigham Young, de Utah, invirtió algunos dólares en producir un vídeo para YouTube. El producto era muy difícil de vender ya que para destacar en la red tenía que ser un vídeo divertido y diferente. Así pues, se pusieron a trabajar con el vídeo. El resultado fue espectacular, en pocos días consiguió millones de visitas y el producto Orabrush despertó el interés de muchos mayoristas que querían comercializarlo. Una vez más, YouTube fue útil para darse a conocer en todo el mundo.

Otro caso de estudio es la marca **Poo~Pourri**, que se dedica a fabricar unos esprays que, aplicados sobre el agua del WC antes de defecar, previenen el mal olor. Sin duda es un producto tan raro que haría sudar la gota gorda a más de un publicista si tuviese que hacer una campaña sobre él.

179 ⇓

Ahora bien, ¿os creeríais que la campaña para anunciar el Poo-Porri fue un éxito en internet y que el vídeo de YouTube lleva más de 20 millones de visitas? Pues así es. En clave de humor crearon la campaña con vídeo Girls Don't Poop, donde aparece una señorita muy divertida sentada en el WC explicando las virtudes del producto. En pocos días la campaña se volvió viral y las ventas del producto se dispararon.

el proceso de producción

▶ realización y promoción de los vídeos

Actualmente, gracias a la tecnología digital, cualquier persona o empresa puede realizar contenidos audiovisuales de cierta calidad con poco dinero. La producción de vídeos deja de ser un producto reservado para las grandes marcas para convertirse en una moda global que ya emplean muchas pequeñas y medianas empresas.

Aun así, debemos tener en cuenta que cualquier vídeo no servirá para mejorar la reputación de marca de nuestra empresa o para hacer crecer las ventas de un producto. La figura del profesional audiovisual y del creativo siempre resultará de gran importancia para la calidad de nuestras producciones. Debemos tener claro que, de la misma manera que un buen vídeo puede no ayudarnos, un mal vídeo puede perjudicarnos.

> Un buen vídeo puede no ayudarnos, un mal vídeo puede perjudicarnos.

En este punto explicaremos las bases de la producción audiovisual y añadiremos algunos consejos para conseguir el éxito en nuestras campañas de videomarketing. Y, sobre todo, destacaremos la promoción y la difusión de contenidos, que constituirá la fórmula para llegar a la audiencia.

■ las tres etapas de la producción audiovisual:

preproducción ➡ En este primer paso, se definirá cómo será la pieza final. Primero, nos plantearemos cuáles son los objetivos y el público al cual nos queremos dirigir. Justo después, pensaremos en una idea, el tipo de género, el presupuesto, la duración y, para acabar, elaboraremos el guión.

Hay que tener en cuenta que la duración de los vídeos de YouTube no puede ser demasiado larga. Entre 1 y 4 minutos es lo óptimo para la mayoría de los vídeos online. Es cierto, sin embargo, que encontramos excepciones, sobre todo en conferencias de empresa, vídeos *streaming, hangouts* o contenidos educativos como manuales, tutoriales o cursos online.

producción ➡ Seguidamente viene el proceso de realización. Aquí deberemos planificar todo el rodaje: los tipos de planos y ángulos que utilizaremos, la configuración del material técnico (cámara, micrófono, iluminación) y la escenografía. Para acabar, llevaremos a cabo la grabación de la pieza.

Hay que destacar que, hoy en día, una buena calidad de imagen y sonido es absolutamente necesaria. Debemos repetir los planos todas las veces que haga falta para que estén enfocados y el sonido sea correcto. La audiencia ya no pierde el tiempo con vídeos que no se ven u oyen bien.

posproducción ➡ Por último, se editará el material. Este es uno de los pasos más creativos de la producción. Es importante que el vídeo tenga ritmo y que enganche desde el principio. Los espectadores de YouTube son muy exigentes y si en los primeros 20 segundos no conseguimos llamar su atención, es muy posible que cambien de vídeo.

Para editar, tenemos muchos softwares diferentes. En el ámbito profesional destacamos: Premiere Pro, Final Cut Pro y Media Composer. Y a un nivel más doméstico: iMovie o Movie Maker, entre otros.

■ promoción y difusión del contenido

A lo largo del libro hemos ido insistiendo en la importancia que tiene la difusión de nuestros vídeos en una campaña de videomarketing. Sin realizar promoción difícilmente llegaremos a la audiencia.

publica en youtube El primer paso es publicar nuestro vídeo en YouTube. Dentro de YouTube podemos hacer dos cosas para promocionar el vídeo. En primer lugar, optimizarlo. Esto es lo que profesionalmente se conoce como Vídeo SEO (*Search Engine Optimization*), un proceso gratuito para incrementar la cantidad de visitas de nuestros vídeos. Este proceso sirve para que el buscador Google pueda indexar correctamente nuestros contenidos y, así, estos tendrán más posibilidades de aparecer en los primeros puestos de las búsquedas.

En segundo lugar, podemos poner publicidad en YouTube. Esto es lo que profesionalmente se conoce como SEM (Search Engine Marketing). Este proceso consiste en poner el vídeo promocionado (pagado) en YouTube para que aparezca antes que otros

Selecciona archivos para subir

O arrastra y suelta archivos de vídeo.

Privacidad: **Público** ▾

comparte los contenidos en comunidades online No te limites a publicar el vídeo en YouTube y ya está. Hay millones de páginas web y blogs, con miles de visitas cada día, donde podemos hacer aparecer nuestro vídeo. Realizaremos un estudio de los blogs con más visitas y que marquen mayor tendencia en nuestro sector. Más tarde, buscaremos la manera de que nos publiquen nuestros vídeos y hablen de nosotros. Podemos enviar un correo electrónico a los responsables de contenidos de cada portal, con el vídeo y una breve explicación de qué es y qué interés puede tener en ello su audiencia. Nuestro principal objetivo debe ser que los *influencers* hablen de nosotros.

Los portales necesitan contenidos de calidad para llenar su espacio, y si tenemos un buen producto, seguramente encontraremos la manera de que nos lo publiquen..

comparte en las redes sociales ➡ Las redes sociales son una herramienta perfecta para difundir nuestro contenido. Tanto Facebook como Twitter, Tuenti, Pinterest o Instagram son perfectos, pero tenemos muchas más. Podemos añadirnos a grupos y páginas para compartir nuestro contenido, colocar hashtags, comentar los vídeos, votar y muchas opciones más. ¡Dejemos correr nuestra imaginación y seamos creativos!

debemos generar noticias para los medios ➡ Los medios tradicionales están buscando constantemente nueva información para llenar sus portadas y parrillas. Si creamos un buen contenido, no debemos tener dudas en hacerlo llegar a los medios de comunicación. Podemos crear y enviar una nota de prensa o comunicarnos directamente con los responsables de cada medio. Les explicaremos nuestras intenciones y de qué va el vídeo. Lo vestiremos de manera atractiva para que sea un contenido interesante, y a ver si tenemos suerte. En este caso, sin embargo, debemos tener claro que no nos harán publicidad gratuita; si el tono del vídeo es demasiado comercial no lo publicarán.

■ ¿cómo crear una estrategia de vídeo online?

En resumen, en este punto, hemos preparado 10 pasos para poder crear una estrategia de videomarketing en YouTube.

➡ **define un objetivo.** Lo primero que debemos tener claro es la necesidad. ¿Qué queremos? ¿Promocionar un nuevo producto? ¿Ser más próximos al público? ¿Dar a conocer una nueva empresa?

➡ **valora cuál es tu público objetivo.** Debemos tener muy claro cuál es nuestro público y a quién nos dirigimos. Esto determinará el tipo de comunicación que realizaremos. Por ejemplo, el tono utilizado no será igual con adolescentes que con ancianos.

➡ **piensa una buena idea** La creatividad es la base del éxito. Mira qué pasa en la red, lo que más funciona y lo que no. Sigue las tendencias. Por ejemplo, actualmente se usa el *storytelling*, una nueva tendencia del marketing que se basa en utilizar historias inspiradoras para generar emociones entre nuestro público objetivo. Y funciona.

➡ **define el número de vídeos de la campaña** Debemos saber si queremos hacer un único vídeo, impactante y transgresor, para buscar el efecto viral. O bien un vídeo cada día, o cada semana, con contenidos educativos, para conseguir seguidores. Según el género que utilicemos (corporativo, de contratación, testimonial, educativo), deberemos hacer más o menos vídeos.

➡ **realiza tu vídeo.** Debe tener calidad HD y oírse perfectamente, además de durar entre 1 y 4 minutos y enganchar rápidamente. Cada vez más la audiencia es móvil (tablets y *smartphones*) y aprovecha cualquier momento para ver vídeos.

➡ **optimiza los contenidos.** Configura el vídeo para que los motores de búsqueda de Google puedan indexarlo bien. De esta manera aparecerá mejor posicionado en las búsquedas, lo que se traducirá en más visitas.

➡ haz promoción de tus vídeos. Una vez tengamos el vídeo, se tiene que hacer llegar a la audiencia (lo podemos compartir en las redes sociales, enviarlo a los medios de comunicación, escribir artículos en blogs o poner publicidad en YouTube). El objetivo principal es que genere visitas, comentarios y votos positivos, porque eso será lo que analizaremos.

➡ interactúa con tu audiencia. El valor añadido de las campañas online es la interacción que podemos conseguir con el público. Debemos incentivar esta interacción, responder las preguntas y ser muy próximos a la audiencia.

➡ evalúa los resultados. Valora los resultados de la campaña analizando las estadísticas del vídeo con YouTube Analytics o plataformas externas como Brightcove

■ cómo ser youtuber y no morir en el intento

Si tenéis ganas de introduciros en el mundo youtuber, en este punto hemos preparado 10 consejos para ser youtuber y no morir en el intento.

➡ escoge una temática que te guste y que también pueda agradar a la audiencia. Sobre todo que no sea un tema muy concreto, ya que el público a quien le interese este asunto será más reducido.

→ **crea contenidos originales y haz cosas diferentes de las que has visto.** Sobre todo dale tu toque personal, que sea un estilo propio. La red está llena de gente que imita a ElrubiusOMG o YoSoyGerman. No debemos copiar ni imitar. Nunca triunfaremos si queremos parecernos a otra persona.

→ **tu prioridad no debe ser hacerte famoso ni tener muchos suscriptores.** La mejor manera de empezar es hacer vídeos porque te gusta. Querer aspirar a tener muchas visitas y suscriptores rápidamente puede ser frustrante y acabarás abandonando

→ **que los vídeos tengan calidad de imagen y sonido.** Cuida la calidad por encima de todo, no uses webcams sencillas, coge una buena cámara HD (actualmente hay cámaras DSLR que graban vídeo HD con mucha calidad y no son caras). Graba el sonido con un buen micrófono, no uses el de la cámara.

→ **edita los vídeos con profesionalidad.** Es importante que los vídeos se vean trabajados. Poco a poco iremos aprendiendo a editar y a dotar de ritmo nuestras producciones. Con una buena edición de vídeo aumentaremos el ritmo y mejoraremos la interpretación

→ **debes comprometerte con tus suscriptores.** Es importante que publiques periódicamente y respetes las fechas de publicación. Esto supone mucho trabajo y sacrificio, pero es la única manera de ganar audiencia, porque si no, te olvidarán rápidamente. Lo ideal sería entre 2 y 5 vídeos a la semana.

→ **promociona los vídeos y tu canal.** Cuando empiezas, es difícil llegar a la gente si no tienes suscriptores que te sigan. La promoción forma parte del trabajo que hacer en cada vídeo. Para lograrlo, existen varias técnicas:

- ☑ Publicar en foros del estilo de Taringa.
- ☑ Unirse a grupos de Facebook que hablen del tema de tus vídeos.
- ☑ Escribir artículos en alguna web o blog y compartir los vídeos
- ☑ La técnica sub x sub, muy usada por muchos youtubers aunque para otros no está muy bien vista
- ☑ Hacer spam (sobre todo sin pasarse) en blogs especializados en tu tema. Por favor, seamos sutiles y no *spammers* profesionales.
- ☑ Pedir la opinión sobre tu canal a otros youtubers mejor posicionados que tú. Ahora bien, no les pidas que se suscriban; si lo hacen, que sea voluntariamente. Si los grandes hablan de ti o les gusta tu trabajo lo publicarán y conseguirás promoción

→ **no hagas caso de los comentarios destructivos.** La crítica constructiva es muy buena, pero es muy fácil detectar cuando alguien realiza comentarios que faltan al respeto. La red está llena de trolls y *haters* destructivos, que votan negativo sin ni siquiera haber visto los vídeos.

➡ **cuida a tu público y audiencia.** Cuando tus vídeos tengan visitas recibirás comentarios de todo tipo. Sé consciente de que no puedes quedar bien con todo el mundo: busca a tu público y cuídalo. Si te preguntan, contesta siempre, aunque sea en privado.

➡ **colabora con otros youtubers.** Una buena manera de hacer contactos y darte a conocer es trabajando con otros youtubers. Las sinergias que pueden salir del trabajo entre diferentes profesionales suelen ser siempre provechosas.

En resumen, nosotros nos quedamos con una idea: iniciarse en YouTube para ganar dinero rápidamente es un error. Como en todas las cosas, primero debemos disfrutar de ellas y, si nuestro trabajo es bueno, quizá veremos cómo, poco a poco, llegaremos al éxito. El youtuber **Guillermo Díaz**, más conocido como **Willyrex**, , en su primera conferencia en el acontecimiento tecnológico EBEuskadi, aconseja que es necesario «*empezar progresivamente, crear vídeos como si fuese tu hobby. El día que ganes el dinero suficiente para vivir te podrás plantear si das el paso, es decir, vivir de YouTube o no*».

■ crear y optimizar un canal

Crear un canal de YouTube es fácil: simplemente debemos crear una nueva cuenta en Google. Haciendo esto, se crea también una cuenta de YouTube (Google está dedicando muchos esfuerzos a unificar Google+ con YouTube). Una vez tenemos el canal, debemos optimizarlo. Tenemos cuatro elementos principales: el nombre del canal, la descripción, el icono y el diseño. Si ajustamos bien estos cuatro elementos gozaremos de más posibilidades de tener presencia en los canales recomendados y en las búsquedas.

nombre ➡ Para configurar el nombre del canal debemos escoger un nombre corto, fácil de recordar y que defina el tipo de vídeos que podremos encontrar en él.

descripción ➡ Aquí tenemos que explicar a los usuarios de qué trata nuestro canal. Debemos tener presente que las primeras líneas de texto son las que YouTube utilizará para posicionarnos en las búsquedas. Así pues, debemos intentar introducir las palabras clave más relevantes para nuestro canal al principio.

icono ➡ Usaremos un icono cuadrado, que sea representativo de nuestro canal. Es recomendable no colocar demasiado texto, ya que entonces el tamaño será muy pequeño y no se podría leer.

diseño ➡ Con los cambios recientes en el diseño de los canales de YouTube, tenemos la posibilidad de compartir la misma imagen tanto en dispositivos móviles como en la web. Para personalizar el canal, recomendamos que sea un fondo sencillo, que se adapte bien a todos los dispositivos. Además, se han incorporado nuevas opciones para colocar enlaces sobre la imagen, muy útiles para ir a la web y a las redes sociales

■ cómo colgar un vídeo para que lo pete

Muchas veces, cuando colgamos un vídeo en YouTube, solo queremos que acabe de subir rápido para poder compartirlo en nuestro Facebook. Como mucho, le ponemos un título, pero poco más. Esto hace que sea muy complicado que desde YouTube alguien pueda encontrar nuestro vídeo y que esta tenga visitas.

Después de hablar con unos cuantos youtubers expertos y, a partir de nuestra experiencia en el sector de la producción audiovisual, os explicaremos cuál es el procedimiento óptimo para colgar un vídeo en YouTube para que aparezca en las primeras posiciones de las búsquedas del buscador. En resumen, no basta con tener un vídeo muy creativo y original para conseguir visitas; para que la gente encuentre el vídeo deberemos posicionarlo.

Así pues, para posicionar un vídeo debemos optimizarlo bien. ¿Y qué quiere decir optimizarlo? Pues esto significa incorporar los elementos adecuados en la configuración de YouTube para que los motores de búsqueda de la plataforma lo puedan indexar mejor (de la misma manera que optimizamos un sitio web para que aparezca en las primeras posiciones de Google) y cuando un usuario realice una búsqueda relacionada con nuestro vídeo, será más fácil que salga en la primera página y en los vídeos sugeridos.

Hay que decir también que YouTube es uno de los mayores promotores e interesados en que los usuarios optimicen e introduzcan los metadatos correctamente en sus vídeos, y no precisamente por vocación pedagógica. Google, propietario de YouTube, lleva mucho tiempo buscando modelos de negocio posibles para su plataforma, y actualmente parece que la publicidad en los vídeos funciona muy bien, ya que genera millones y millones de euros al año. Asimismo, son los principales interesados en que los usuarios optimicen sus vídeos porque son la base donde irá insertada su publicidad y la única manera que tienen de clasificar todo el material.

es decir ▶ cuando un anunciante paga a YouTube para poner un anuncio, tendrá que escoger unas palabras clave relacionadas con el producto que promociona. Una vez hecho esto, YouTube hace que el anuncio aparezca solo en los vídeos que tengan relación con las palabras clave que ha elegido el anunciante.

■ subir y optimizar los vídeos

Para subir un vídeo a YouTube seleccionaremos el botón Subir, luego elegiremos la ruta donde tenemos el archivo y dejaremos que el sistema cargue el vídeo. Una vez la barra de proceso se haya completado, veremos cómo YouTube comienza un segundo proceso: analiza las características del archivo. En este punto, el sistema sabrá si nuestro archivo tiene Content ID registrado. Y, justo después, optimizaremos el vídeo.

Para optimizar un vídeo debemos seguir unos pasos determinados. Previamente tendremos que hacer un ejercicio de reflexión para entender cómo y de qué manera el público buscará nuestros vídeos. Esto implica que debemos pensar un buen título, una buena descripción y las palabras clave adecuadas para nuestro contenido. Luego optimizaremos los siguientes elementos:

título ❯ Debemos pensar un buen título. Esta será una de las partes más importantes, el titular que hará que una persona decida visualizar o no nuestro contenido. Al escoger el título, debemos tener claros dos aspectos: una buena descripción del contenido del vídeo (el espectador sabrá por el título si el vídeo es de su interés) y el uso de palabras clave, entre otros el nombre de la marca, empresa, grupo, canción, entidad, etc. (YouTube usa los títulos de los vídeos como palabras clave principales).

Ponemos como ejemplo algunos títulos correctos, extraídos de YouTube: *ZEPfilms – ¿Cuál es el mejor programa para editar vídeos?; Maquillaje perfecto para tu color de piel – Yuya*, o bien *Sak Noel – Party on my Level* (Official Video). Como podéis ver, funciona bien un guion para separar la descripción del contenido del nombre del artista. Esta configuración de títulos es la que más se usa en YouTube. Hay que añadir dos aspectos: los caracteres especiales no se interpretan en las búsquedas, y se recomienda usar palabras y formas verbales simples.

Así pues, es muy importante dedicar un momento a pensar el título mientras subimos el vídeo. No son correctos los ejemplos siguientes: *Sesión 1 con María* o *Cocinar bien – Día 3*. Es habitual caer en el error de pensar que la gente que ve nuestros vídeos ya nos conoce o sabe de qué va nuestro canal.

descripción ❯ YouTube nos ofrece un espacio para poder explicar el contenido de nuestro vídeo o para dar la información que deseemos. El texto que introducimos en este espacio también será útil para posicionar los vídeos en las búsquedas, pero en un grado mucho más bajo que el título o las palabras clave. Aun así, nos da unas opciones muy interesantes para posicionarnos.

Primero, la descripción del contenido del vídeo: debemos procurar describir nuestro vídeo con un texto fácil y conciso; no hace falta que sea muy largo pero tiene que contener la información más importante. También es un buen lugar para explicar de qué va nuestro canal, ya que muchas veces la gente llega a los vídeos sin saber quién es su autor. Hay que añadir que podemos incorporar información en otros idiomas para facilitar que nos vean en otros países.

Debemos tener en cuenta que cuando vemos un vídeo el usuario solo tiene a la vista las primeras líneas de la descripción; a no ser que acceda a la información voluntariamente, no verá toda la descripción. Así pues, las primeras líneas serán las principales para atraer a la audiencia.

Para acabar, añadiremos todos los enlaces posibles para que la audiencia nos pueda encontrar. Podemos compartir la dirección de nuestra web, sugerir que nos sigan en las redes sociales, añadir enlaces a otros vídeos relacionados o poner los créditos del vídeo. Cualquier idea innovadora servirá para generar un tráfico nuevo de nuestros vídeos a otras plataformas. Recordad que para que YouTube reconozca los enlaces como hipervínculos se tiene que incorporar «¡Error! Referencia de hipervínculo no válida.», delante del enlace.

miniatura ▶ La miniatura, o thumbnail, es la imagen que se usa para identificar el vídeo. Es el fotograma del vídeo que se verá junto al título, en YouTube y en todos los lugares donde se comparta el vídeo. Esta miniatura también tiene sus virtudes al optimizar un vídeo; es uno de los elementos que más llama la atención, incluso más que el título. Un ejemplo gráfico que entra por los ojos de la audiencia fácilmente

BEBIDAS REFRESCANTES Y DELICIOSAS ♥ - Yuya
de Yuya ☑
1.315.555 reproducciones

MUFFINS EN FORMA DE HELADO ♥ - Yuya
de Yuya ☑
1.192.044 reproducciones

HAZ BOLITAS RELLENAS DE CHOCOLATE ♥ (FÀCIL) - Yuya
de Yuya ☑
1.445.672 reproducciones

Con la miniatura personalizada podremos configurar mejor nuestro canal de YouTube, podremos escoger qué fotograma del vídeo queremos que se vea o incluso colocar una portada con texto. Tenemos que hacer portadas con gracia, que tengan calidad, con un texto llamativo que haga que el espectador sienta deseos de ver el vídeo. Hay que destacar que, cuando creamos un nuevo canal, la opción para cambiar la miniatura no está disponible y tendrá que activarse manualmente.

INFORMACIÓN DEL VÍDEO

Canal:

Hora de la subida: 28 de noviembre de 2010 21:37

Duración: 3:53

Archivo sin procesar: DUEL_H264(subt).mov

Reproducciones: ▂▃ 978

Me gusta: 👍 3

No me gusta: 👎 0

Comentarios: 💬 0

URL del vídeo: http://youtu.be/OY9UFSKwcfA

Miniatura personalizada

Tamaño máximo del archivo:
2MB

Para tener todas las opciones de configuración disponibles, debemos ser usuario partner. Para llegar a serlo, como hemos explicado anteriormente, debemos activar la monetización de nuestros vídeos. Para activar el partner iremos a «Gestor de vídeos», luego a «Configuración de canal» y dentro de este, a «Funciones»; aquí seleccionaremos «Obtención de ingresos» y, justo después, YouTube nos proporcionará las opciones disponibles para partners.

palabras clave ❯ Las palabras clave son las etiquetas que introduciremos para describir el contenido de nuestro vídeo. Además, también servirán para que los usuarios encuentren tus vídeos. Deben ir separadas por comas.

Nuestra experiencia nos dice que es mejor colocar bastantes etiquetas que describan el contenido y las más importantes delante. Por ejemplo, que definan el estilo, la marca, el producto, los elementos principales del vídeo, los actores, el género, etc.

Aconsejamos que los metadatos (etiquetas, título y descripción del vídeo) se modifiquen con el tiempo y según las nuevas tendencias que aparezcan en la red. Esto nos puede traer nuevas visitas.

anotaciones ❯ Las anotaciones son etiquetas o mensajes de texto que pueden añadirse sobre el vídeo. Pueden ir acompañadas de información adicional sobre el vídeo, o bien pueden servir de enlace interno o externo a la plataforma.

Las anotaciones pueden poseer muchas aplicaciones diferentes para la creatividad de los usuarios. Algunas de las funciones más habituales son estas:

- ☑ Pedir a los espectadores que se suscriban a tu canal.
- ☑ Promocionar el último vídeo que hemos subido al canal.
- ☑ Anunciar la segunda parte del vídeo que estamos viendo.
- ☑ Llevarnos a una tienda online externa a YouTube.
- ☑ Dar información sobre un punto del vídeo.
- ☑ Crear vídeos interactivos.

Para ir a las anotaciones, tendremos que situarnos dentro de las opciones de configuración de alguno de nuestros vídeos, y desde allí podremos acceder a ellos. Dentro de las opciones encontraremos varias etiquetas para elegir, así como el tamaño y la tipografía. También veremos una línea de tiempo donde podremos seleccionar la duración y la posición exacta de la anotación.

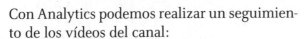 análisis de los resultados

Para analizar los datos de los vídeos, la plataforma dispone de una herramienta muy potente incorporada, el YouTube Analytics. Hace ya un tiempo que YouTube decidió abandonar la herramienta insight para incorporar Analytics, un software desarrollado por Google para hacer estadísticas web. Esta herramienta permite analizar los resultados de una campaña de videomarketing online y un montón de opciones de análisis diferentes.

183⇨

Con Analytics podemos realizar un seguimiento de los vídeos del canal:

- ☑ Ver y segmentar los suscriptores que hemos ganado.
- ☑ Ver y segmentar el número de visitas que trae el vídeo.
- ☑ Ver y segmentar los me gusta/no me gusta.
- ☑ Ver las veces que se ha compartido el vídeo y dónde.
- ☑ El CPM, es decir, el coste por cada mil visualizaciones.
- ☑ Los ingresos conseguidos en cada vídeo, por período y país.
- ☑ Datos demográficos de las visitas y edades.
- ☑ Dispositivos a través de los cuales nos están viendo.

Internet permite obtener estos datos casi en tiempo real. Así pues, podemos llevar a cabo un seguimiento de la campaña e irla modificando según los resultados.

Conoceremos al público de nuestro canal, su edad, sexo y procedencia, y los contenidos que más les gustan. Para utilizar YouTube Analytics no hace falta ser un experto, solo hay que observar y segmentar la información para determinar si estamos haciendo un buen trabajo con nuestros vídeos.

géneros audiovisuales más usados en youtube

▶ videotutoriales

Normalmente son vídeos dirigidos a la explicación y el funcionamiento de programas (software) donde un experto enseña a través de YouTube cómo resolver problemas o usar diferentes funciones de un programa. Se caracteriza por una voz en off de fondo mientras vemos capturas de pantalla del software del cual se está hablando. De esta manera, el usuario que mira el vídeo puede ver los pasos que hay que seguir como si lo hiciese en su propio ordenador.

184⇨

▶ vídeos humorísticos

El humor es uno de los grandes géneros de YouTube y uno de los más virales. Podemos encontrar desde gags extraídos de grandes programas de televisión hasta parodias caseras de un grupo de amigos hechas en el comedor de su casa. Muchas veces estos vídeos acaban consiguiendo una gran viralidad y podemos llegar a tener millones de visitas gracias a los usuarios que los comparten en sus redes sociales o por correo electrónico. Muchos vloggers especializados en provocar las risas de sus seguidores han ayudado a convertir el humor en uno de los grandes géneros de YouTube.

❯ gameplays

La plataforma YouTube ha contribuido a la aparición de muchos *gamers* –jugadores de videojuegos con una gran adicción y también un gran conocimiento sobre estos– que han decidido compartir en forma de vídeo sus opiniones y algunos trucos de los videojuegos que van probando. Lo más habitual es que cuelguen capturas de los mismos videojuegos en YouTube y con una voz en off o con la webcam en un extremo de la pantalla y en miniatura, expliquen los errores de los juegos, consejos para pasar de nivel o simplemente su experiencia. España es uno de los países donde la cultura gamer está más desarrollada y eso se nota con la aparición continua, cada vez más, de vídeos de temática *gameplay*.

185 ⇩

❯ vloggers

Los vloggers se han convertido en los grandes reyes de opinión de YouTube. Son personas que se dedican a hablar y opinar sobre todos los temas que nos podamos imaginar. Desde tecnología, política, amor, cocina... Es la evolución del blogger que escribía sus opiniones. Ahora conecta la webcam y habla a los usuarios. Casi siempre se usa una webcam donde el vlogger se dirige a la cámara durante su discurso.

186 ⇨

> makeups

Es un género muy femenino. Normalmente son vídeos de chicas que explican trucos y secretos de belleza, moda y peluquería en forma de tutorial. Los que más popularidad tienen actualmente son los de maquillaje, donde se enseña la manera en que se maquillan algunas famosas o también cómo hacerse algunos peinados sin ayuda de nadie. Existen auténticas celebridades de este género, como Yuya o Claudia Ayuso.

187 ⇨

> recetas de cocina

Cómo preparar un postre original, un pollo al horno o incluso una buena ensalada son cosas que podemos aprender sin salir de YouTube. Cocineros conocidos o personas anónimas se graban en sus cocinas explicando y compartiendo sus recetas. De esta manera, los usuarios pueden ver todo el proceso de elaboración. Jamie Oliver es uno de los vloggers especializados en cocina más seguidos del mundo.

188 ⇨

> webseries

Internet y, sobre todo, YouTube están revolucionando la industria cinematográfica y audiovisual, que ha encontrado en esta plataforma una manera de llegar al gran público sin depender de las salas de cine o las televisiones tradicionales.

Así pues, YouTube ha permitido a las productoras audiovisuales crear sus propias webseries. Se trata de producciones normalmente de bajo presupuesto que se distribuyen solo por internet y redes sociales.

Las webseries cuentan normalmente con presupuestos muy bajos y ajustados, y la mayoría de veces financiados a través del crowdfunding: los usuarios aportan una pequeña cantidad de dinero hasta conseguir el capital necesario para sacar adelante la iniciativa.

La serie catalana *Les coses grans* es uno de los ejemplos de webseries que se ha financiado a través de Verkami y ha conseguido el presupuesto suficiente para grabar una primera temporada. Otra de les webseries con mucho seguimiento es *Entre pipas*, que ha llegado a su tercera temporada, en la que, por cierto, ha conseguido el patrocinio de Matutano.

Tal como cuenta Jorge Casinello, de *Entre pipas*: «*YouTube es la plataforma gratuita, universal y multiplataforma de referencia que cumple los requisitos esenciales para conseguir lo que toda serie busca: exposición, cobertura y audiencia*».

Él mismo apunta que el fenómeno de las web-series es un género en expansión: «*Las web-series se generalizan y, actualmente, su número es muy alto y variado. Como en todo, hay cosas buenas y malas. Pero lo más importante no es el formato ni el canal, que van cambiando y que tienen que aprender a convivir entre sí (cosa que ya sucede). Lo más lógico es que tanto largometrajes como series y webseries convivan en un espacio común que, realmente, pertenece a una audiencia que quiere buenas historias, más allá de formatos y canales*».

189⇨

▶ videoclips y lyric videos

Se ha convertido en uno de los géneros de YouTube más importantes y es el que registra más millones de visitas. Los videoclips y los lyric videos –con las letras de las canciones– han supuesto una auténtica revolución para la industria discográfica, que ha encontrado en YouTube un canal de comunicación y promoción global de sus artistas. Aparte de esto, YouTube también ha sido útil para la industria musical para monetizar los millones de visitas que muchas veces tienen los videoclips colgados en la red.

190⇨

Entre los videoclips más vistos de la historia se encuentra *Gangnam Style* de PSY con 1.721.106.145 visitas o *Baby* de Justin Bieber, con 876.000.000 visitas en el momento en que redactamos este párrafo.

191⇨

> vídeos informativos

Muchos medios de comunicación tradicionales como los diarios, las radios o las televisiones han aprovechado las herramientas de difusión de YouTube y la propia plataforma para distribuir sus contenidos en la red. Así pues, muchos medios usan sus propios contenidos radiados, publicados en papel o ya emitidos por televisión para después subirlos a YouTube con la intención de ganar difusión y audiencia. Pueden ser vídeos de actualidad, cine, deportes, prensa rosa...

> fashion films

No son ni anuncios ni cortometrajes ni vídeos artísticos. Son una mezcla de todos estos formatos y se han convertido en un nuevo soporte publicitario cada vez más usado por las marcas en el lanzamiento de un nuevo producto.

Entre los *fashion films* más conocidos y que han marcado tendencia encontramos *Myself*, dirigido por Marcelo Krasilcic con Chlöe Sevigny como protagonista y que está considerado como uno de los primeros de su género.

Otro de los más populares y que ha tenido gran repercusión es *David Beckham Bodywear*, para H&M.

❯ lip dub

Consiste en grabar un vídeo musical donde los participantes sincronizan sus labios y gestos con el ritmo y la letra de la canción que suena. Siempre se graba en un plano secuencia, una única toma sin cortes. El lipdub nació en 2006 de la mano de Jakob Lodwick, creador de Vimeo. Pocos meses después, algunas universidades se apuntaron a la nueva moda del lipdub; por ejemplo, la Universidad de Vic, que conseguía el lipdub más visto de España y el tercero más visto del mundo. Incluso el grupo Train agradeció a la universidad que hubiesen escogido una de sus canciones, *Hey Soul Sister*, para el lipdub.

194⇨

❯ flashmob

A través de las redes sociales se convoca un encuentro donde un grupo de personas se reúnen en un lugar público para llevar a cabo una performance y después dispersarse, pero colgando el vídeo en la red. Lo más interesante es que la comunicación para que la gente asista al *flashmob* se realiza normalmente a través del móvil y las redes sociales dejando de lado los medios de masas. Normalmente se trata de grandes coreografías de canciones conocidas y se organizan con una intención lúdica, promocional o de protesta.

Uno de los *flashmobs* más conocidos es el de Black Eyed Peas, que consiguieron que miles de seguidores del grupo se reuniesen para bai-

195 ⇩

lar la coreografía de su canción *I Gotta Feeling* en 2009.

❯ parodias

196 ⇩

197 ⇩

YouTube se ha convertido en una fuente inagotable de creatividad y humor. Casi todos los vídeos más populares de la red tienen su parodia correspondiente. Estos vídeos consiguen una gran viralidad, ya que se aprovechan de la popularidad del vídeo original. Algunos ejemplos son los cientos de parodias que surgieron después del fenómeno *Gangnam Style* o también de la cantante Miley Cyrus.

❯ vídeos how to

Enseñan todo el proceso de elaboración, creación o fabricación de una cosa. Los hay de muchas temáticas diferentes. Habitualmente aparece una voz en off que realiza las explicaciones por encima de las imágenes durante todo el proceso. Encontramos desde vídeos *how* to que enseñan a obtener unos abdominales en el gimnasio hasta vídeos que explican el proceso de construcción de un gran edificio.

❯ presentaciones corporativas

Las compañías han encontrado en YouTube la manera de distribuir y promocionar sus políticas de empresa. Cada vez más corporaciones eligen YouTube para explicar a sus clientes o accionistas los proyectos de futuro o el estado actual de la empresa colgando vídeos en la red. Estos, normalmente, cuentan con infografías que simplifican y hacen más comprensibles los datos que desea comunicar la empresa.

El portal de creación de nuevos proyectos y recaudación de fondos Kickstarter fue uno de los pioneros en usar las videopresentaciones.

vídeo cv y ofertas de trabajo

Muchas personas han aprovechado la viralidad de YouTube para encontrar trabajo. El currículum vitae tradicional en papel ha mutado hacia el vídeo CV, donde un individuo se graba a sí mismo explicando cuáles son sus conocimientos y su experiencia para después colgar el vídeo en la red.

En España se vivió el caso del periodista Enzo Vizcaíno, que se grabó en el metro de Barcelona cantando su currículum para solicitar trabajo. Pocas horas después recibía la llamada de una televisión ofreciéndole trabajo.

198⇨

vídeos motivacionales y de emprendeduría

La psicología también ha llegado a YouTube. El género motivacional y de emprendeduría ha ido adquiriendo cada vez más importancia. Normalmente se trata de conferencias graba-

199 ⇩

das en vídeo donde un personaje conocido explica las claves para motivar y animar a las personas a iniciar nuevos proyectos o dar aquel paso que hace tiempo que no se atreven a dar.

Algunos de los oradores más importantes del mundo, como Randy Pausch, tienen sus conferencias colgadas en la red:

200 ⇩

Aparte de estas conferencias también se han puesto de moda los vídeos destinados a animar a los emprendedores en los que una voz en off habla por encima de unas infografías que van ilustrando el discurso del narrador.

🗲 street marketing

Se trata de un tipo de vídeos que cada vez más las marcas y las compañías suben en la red para enseñar el éxito de sus presentaciones o acciones realizadas en la calle. YouTube ha servido de portafolio para que las empresas muestren sus hitos de manera sencilla y lleguen a un gran público.

201 ⇩

Coca-Cola es una de las marcas que más ha usado el street marketing en YouTube con acciones que han tenido una gran repercusión en la red, como, por ejemplo, el vídeo *Unlock the 007 in you. You have 70 seconds!*

🗲 testimoniales

Clientes de un producto explican su experiencia en forma de vídeo y la cuelgan en la red.

También hay vídeos testimoniales de expertos en temáticas concretas que explican su experiencia para compartirla con el resto del mundo y que por eso la cuelgan en YouTube. Muchos usuarios recurren a estos vídeos para informarse y ver la opinión de otras personas que ya han vivido una experiencia como la que ellos vivirán próximamente.

▶ sports extreme

Cada vez más deportistas cuelgan vídeos, normalmente grabados con GoPro, en los que muestran sus actividades en primera persona. Descensos con bici de montañas grabados desde el casco, skate, esquí fuera de pistas, snow... Son solo algunos de los ejemplos de miles de vídeos de deportes extremos que podemos encontrar en YouTube.

Uno de los más conocidos y populares de la red es el vídeo del salto desde la estratosfera de Felix Baumgartner que patrocinó Red Bull.

202⇨

▶ vídeos educativos

A menudo podemos pensar que el uso generalizado que se hace de YouTube es meramente como pasatiempo. Pero nada más lejos de la realidad: YouTube está a petar de vídeos con contenidos formativos. Estas piezas las realizan los propios usuarios de la plataforma, que tienen la filosofía de hacer llegar el conocimiento al máximo número de personas posible y ¡de manera gratuita!

Hablamos de los *Massive Online Open Courses*, más conocidos por sus siglas: MOOC. Es decir, cursos formativos online sobre una materia o temática concreta, de acceso abierto en la red y completamente gratuitos. Son cursos intensivos, de corta duración y de gran valor didáctico, ya que los imparten profesores de gran prestigio mundial.

Y es que, ciertamente, los MOOC están revolucionando el mundo educativo: estudiantes de cualquier parte del mundo, con independencia de su nivel económico, tienen ahora la oportunidad de acceder a la formación concreta de una universidad mundialmente conocida con sus profesores de gran prestigio. Por ejemplo, el Massachussets Institute of Technology (MIT) o las Universidades de Columbia, Stanford, Yale o Harvard, entre muchas otras.

Con los MOOC se cumple realmente la democratización del saber: ahora, todo el mundo con acceso a un ordenador y a internet tiene la posibilidad de recibir formación de manos de los mejores expertos mundiales. Realmente se trata de toda una oportunidad que no hay que dejar escapar.

datos curiosos

Cuando nos encontramos ante unas cifras tan monstruosas como las que mueve YouTube, necesitamos referencias para formarnos una imagen mental de todo lo que significa este baile de números. Es lo mismo que pasa cuando nos dicen que Júpiter tiene un diámetro de 142.984 kilómetros; no acabamos de asimilar esta cifra. Sabemos que es muy grande, pero necesitamos una referencia. Después nos dicen que Júpiter es 11 veces mayor que la Tierra, y enseguida nos creamos una imagen mental y somos conscientes del tamaño del planeta.

Eso mismo nos pasa con YouTube. Se trata de unas cifras tan grandes y monstruosas que cuesta saber el tamaño real de su infraestructura. Cientos de millones de megas, miles de millones de visitas, miles de trabajadores.... Hay tanta información que muchas veces resulta difícil asimilarla. En las siguientes páginas descubriremos las cifras que actualmente mueve YouTube y también la manera en que esta megacompañía, Google, se organiza para seguir dominando de manera global el sector audiovisual en la red.

YouTube es la tercera web más popular de internet según el ranking público de la web Alexa.com. Esta última página –creada en 1996 por Bruce Gilliat y Brewster Kahle, y comprada por Amazon en 1999 por 250 millones de dólares– se dedica a hacer una lista de las webs más visitadas del planeta.

Las estadísticas que obtenemos de Alexa.com no son una verdad absoluta. Debemos tener en cuenta que el ranking se elabora a partir de la información recogida por todos aquellos usuarios que tienen la Alexa Toolbar instalada en su navegador. Aun así, sus cifras nos permiten hacernos una idea de cuáles son las tendencias mundiales y las páginas más visitadas del mundo.

En 2013, las 10 webs más visitadas del mundo según Alexa.com eran:

Baidu.com es uno de los buscadores más populares de China, un país donde la censura en internet ha afectado durante años a portales como Google, YouTube o Facebook en una lucha constante del poder para controlar la opinión pública y las críticas contra el gobierno.

*** qq.com es el portal informativo más famoso de China. Noticias, entrevistas, entretenimiento, moda...*

Las 10 webs mas visitadas del mundo segun Alexa.com			
1	Google	6	Wikipedia
2	Facebook	7	qq.com*
3	YouTube	8	Amazon
4	Yahoo	9	Taobao.com
5	Baidu.com*	10	Live.com

❯ el modelo silicon valley

Pero ¿cómo ha conseguido llegar hasta aquí YouTube? ¿Cuál es la manera de trabajar de una de las mayores empresas del mundo? ¿Cómo está organizada? ¿Cuántos trabajadores tiene? ¿Cómo son las oficinas de Silicon Valley?

En el momento de la creación de YouTube, en 2005, la compañía tenía una discreta y pequeña oficina en un edificio de la ciudad de San Mateo, California. En aquel entonces, el proyecto solo era la idea de un grupo de jóvenes que iniciaban una nueva aventura en Silicon Valley, el lugar donde miles de empresas tecnológicas han decidido ubicar sus sedes convirtiendo a esta zona en la ciudad tecnológica más avanzada del mundo.

Aquella pequeña oficina del año 2005 convivía al lado de un restaurante chino y una pizzería. De hecho, para entrar en YouTube, había que encontrar la puerta entre los dos restaurantes y más de uno se había encontrado rodeado de pizzas o de pato pequinés.

En aquella época, cuando la única relación que YouTube y Google mantenían eran las búsquedas que sus trabajadores podían realizar desde la oficina, la compañía tenía cerca de setenta empleados que trabajaban bastante apretados y acompañados por los aromas de los extractores de los dos restaurantes del piso de abajo.

203 ⇩

Pero en octubre de 2006 todo cambió. La compra de YouTube por parte de Google hizo que la compañía decidiese que necesitaba más espacio y se trasladase hasta San Bruno, California, donde actualmente se encuentra la sede central de YouTube.

La dirección es la siguiente: YouTube LLC, 901 Cherry Avenue, San Bruno, CA 94066, United States.

Muchas veces se han oído contar pequeñas leyendas sobre el día a día y la manera de trabajar en el interior de las instalaciones de Google: que hay pizarras por los pasillos donde todo el mundo puede escribir las ideas que se le ocurren de repente, butacas en forma de huevo para hacer la siesta, salas de relajación, billares, bares...

Algunas de estas cosas son ciertas y otras solo las conocen los trabajadores de Google. La compañía tiene un protocolo bastante hermético a la hora de explicar y hacer públicas las formas de trabajar. Así que casi todo lo que se sabe nos llega filtrado por extrabajadores o personas que han podido entrar en Google.

De hecho, lo que sí se conoce es la filosofía que sigue la empresa para sacar el máximo rendimiento de sus trabajadores. Lo que se intenta, y se consigue, es que el trabajador se sienta muy cómodo en su empleo y tenga todas las facilidades y servicios necesarios para su día a día. De esta manera, no tiene la necesidad de pasarse el día mirando el reloj para saber cuándo falta para salir del trabajo. Esto multiplica la productividad del trabajador.

Para conseguirlo, la compañía tiene diferentes bares y restaurantes dentro de sus instalaciones donde los trabajadores puedan tomar lo que deseen sin pagar nada. Son gratis un café, un desayuno, una comida, un refresco, una cena, bufés libres. Eso sí, se cuenta que hay una norma sagrada. No está permitido llevarse túpers y túpers de comida de Google a casa.

También es verdad que existen pizarras dentro de las oficinas donde los programadores y todo el mundo que trabaja allí tengan un soporte en el que anotar ideas, fórmulas, dibujitos, mensajes para otros compañeros... Esta también es una manera de dar forma y materializar conceptos que los trabajadores tienen en mente y que, quién sabe, quizá se conviertan en nuevos productos de Google.

Las instalaciones también están dotadas de salas de descanso y relax donde los empleados pueden aprovechar para desconectar un rato y recuperar su creatividad. Por ello hay gente que aprovecha para echarse una siestecita en unas butacas en forma de huevo que están pensadas especialmente para esta práctica y que permiten aislarse del exterior.

A diferencia de muchas de las empresas que conocemos, en Google, los trabajadores, aunque tienen lugares de trabajo con escritorios y sillas, trabajan dispersos por las instalaciones. Se ven cientos de portátiles y no resulta extraño ver gente con auriculares apoyados en un sofá, unas escaleras o en alguno de los bares. La compañía premia la creatividad y la productividad de sus empleados y no las horas que están sentados ante su mesa.

Se cuenta también que existe una intranet para los trabajadores de Google, una especie de Facebook interno donde se encuentran los datos de todas las personas que trabajan en la empresa. Así todo el mundo puede buscar información sobre otros trabajadores: nombre y apellidos, cargo, calendario de las próximas reuniones e incluso las horas de entrada y salida del trabajo y los horarios habituales de aquella persona.

❯ censura en youtube

Aunque para nosotros es lo más normal del mundo encender el ordenador, la tablet o el móvil y conectarnos a Google o YouTube para buscar información sobre cualquier tema de interés, hay países donde no existe la libertad de información. Algunos estados aplican censuras en la red para que los usuarios no accedan a determinados contenidos.

Para regímenes poco democráticos como China, los Emiratos Árabes, Irán o Corea del Norte, las redes sociales se han convertido en un medio demasiado fácil para la población que quiere protestar contra su propio gobierno. Por ello, muchos de estos estados han optado por la censura en internet mediante el cierre de páginas web o limitando los contenidos de búsqueda de Google o de vídeos de YouTube.

Por ejemplo, el conflicto entre Google y el gobierno de Pequín hace años que está abierto y nunca ha acabado de resolverse. Desde la llegada del buscador a **China** el año 2006, Google se ha encontrado sus contenidos censurados y bloqueados por el régimen, que tiene el control total de internet dentro del Estado.

Los expertos se refieren al sistema de filtros de censura que usa el gobierno chino como The Great Firewall, un componente de seguridad que controla y bloquea todos aquellos contenidos que el régimen no quiere que los usuarios vean. De esta manera y durante años ha sido imposible visitar webs como las de Amnistía Internacional, los grupos tibetanos en el exilio o la radio estadounidense Free Asia. También han recibido lo suyo Twitter, Facebook, Google y YouTube.

En 2010, sin embargo, cansados de la falta de libertad de expresión y de una censura extrema, Google decidió redireccionar el dominio chino google.cn a una versión del buscador alojada en Hong Kong, una región autónoma de China donde hay mucha más libertad en internet. Después de años negociando con el gobierno de Pequín, Google se vio obligada a adoptar esta estrategia para evitar que el régimen censurase las búsquedas de los usuarios.

En un artículo del diario *El País* de marzo de 2010, el vicepresidente ejecutivo de Google, David Drummond, declaraba que «queremos que una gran cantidad de gente tenga acceso a nuestros servicios, incluidos los usuarios de China. Pero el gobierno chino ha dejado muy claro en sus conversaciones con nosotros que la autocensura es un requisito legal no negociable».

❯ hay otros países que aplican sistemas de censura en internet:

Corea del Norte ➡ El régimen dictatorial no quiere que la población tenga acceso a internet. De esta manera es mucho más fácil controlar a la opinión pública y evitar revueltas y protestas contra el gobierno. Se calcula que solo un 1% de la población tiene conexión a internet.

Irán ➡ El gobierno controla los contenidos de todo aquel que se conecta a internet. Y aunque están prohibidas todas las webs occidentales, si alguien consigue usar alguna, puede acabar en la cárcel

Birmania ➡ Solo un 1% de la población puede conectarse a internet. Visitar una web de un medio de comunicación occidental está penado con la cárcel.

Emiratos Árabes ➡ Existe una corporación vinculada a la corona que se encarga de la censura en internet. Aun así, más de la mitad de la población está de acuerdo con esta práctica.

Siria ➡ Facebook, Twitter, YouTube o la Wikipedia están censurados y no pueden consultarse. Desde el gobierno se controla todo lo que visitan los usuarios. Cualquier persona que haga uso de la libertad de expresión puede acabar en la cárcel.

15 datos de youtube que no conocías

➡ 1. YouTube tiene el 10% del tráfico de internet.

➡ 2. Más del 70% de las visitas de YouTube provienen de fuera de Estados Unidos.

➡ 3. YouTube tiene más de mil millones de usuarios únicos cada mes.

➡ 4. Cada hora se cuelgan 60 horas de vídeo. Esto quiere decir que al final del día se han subido 1.440 horas, el equivalente a 60 días.

➡ 5. Cada segundo se reproducen 46.400 vídeos diferentes.

➡ 6. Solo con las visualizaciones de YouTube –1.230 millones–, PSY ingresó 8 millones de dólares por el *Gangnam Style*.

➡ 7. La duración media de los vídeos de YouTube es de 2 minutos y 46 segundos.

➡ 8. Si en 2012 alguien hubiese decidido ponerse a ver todos los vídeos que se han colgado en YouTube desde su creación, habría acabado de verlos todos en el año 3712. Tardaría 1.700 años.

➡ 9. Las visitas desde España solo representan un 2,7% del tráfico total que recibe YouTube.

➡ 10. En julio de 2010 Ridley Scott montó una película con los vídeos que los usuarios colgaron el 24 de julio.

➡ 11. Google pagó 1.650 millones de dólares para comprar YouTube. Lo mismo que costaría comprar 5 aviones Airbus A380, el modelo más grande existente.

➡ 12. Un 10% de las personas que en estos momentos están conectadas a internet tienen YouTube abierto.

➡ 13. YouTube estuvo a punto de llamarse HotOrNot.com («Sexi o no») y ser una web de citas por vídeo. Finalmente no lo hicieron.

➡ 14. De media, los usuarios de YouTube dedican 15 minutos al día a mirar vídeos.

➡ 15. En un mes se suben muchos más vídeos a YouTube que los que han emitido la ABC, la CBS y la NBC (las tres televisiones con más audiencia de Estados Unidos) durante 60 años.

➡ 1. El juego de la serpiente. Aunque desde hace un tiempo se ha deshabilitado, durante muchos años era posible jugar al mítico juego de la serpiente (SNAKE) apretando las teclas de dirección del teclado mientras se cargaba un vídeo. Automáticamente se ponía en marcha el juego. Esta opción se desactivó porque cada vez los vídeos se cargan más rápido.

➡ 2. Si escribes «use the force, Luke» en el buscador de YouTube, verás cómo se empieza a mover toda la página

➡ 3. Puedes añadir las redes sociales en la cabecera de tu canal. Solo hay que ir a «Mi Canal» ›› «Información» ›› «Editar» ›› y seleccionar las redes sociales que quieras.

➡ 4. YouTube Trends Dashboard. Es un servicio que ofrece la plataforma para saber qué vídeos son tendencia en este momento. Permite analizar las tendencias por países, edades y sexos. Es muy interesante.

205⇨

➡ 5. Si antes de cualquier búsqueda escribes una « / » (una barra y un espacio en blanco) YouTube adquiere un look de los años ochenta. Por ejemplo: «/ barcelona».

➡ 6. Puedes hacer que un vídeo que te gusta mucho, por ejemplo una canción, se reproduzca en bucle y se vaya repitiendo. Solo tienes que escribir «repeater» en la URL del vídeo justo después de la palabra «YouTube».

➡ 7. MoodWall. YouTube ha creado una web donde agrupa por temáticas miles de los vídeos que hay colgados en sus plataformas. Los organiza en categorías como: divertidos, brillantes, adorables, creativos... Los vídeos son seleccionados y agregados en cada categoría en función de los comentarios que han dejado los usuarios y no de los tags o el título.

➡ 8. ¿Quieres que un vídeo comience en un momento determinado? Clica con el botón derecho del ratón y escoge «Copy video URL at current time». De esta manera tendrás copiado el enlace del vídeo en el momento que tú quieras.

➡ 9. Si un vídeo está restringido en tu país, puedes desbloquearlo. Solo hay que cambiar la URL sustituyendo el «watch?v=» por «/v/». Por ejemplo:

Vídeo restringido:

Vídeo desbloqueado:

➡ **10.** Escribe en el buscador «Beam me up, Scotty» y aparecerá el efecto de teletransportación de *Star Trek*.

➡ **11.** Si dispones de un canal emergente y creativo con cada vez más seguidores, es recomendable que visites la sección de «Herramientas y programas» de YouTube. Desde la plataforma te ofrecerán instrumentos para aumentar tus seguidores, te asesorarán para mejorar tu canal y obtendrás un montón de ventajas más. Mucha gente no lo sabe y es muy útil, ¡tanto como leer este libro!

211⇨

los 10 mandamientos para triunfar en youtube

1.

No colgarás un vídeo sin haber pensado y madurado bien tus ideas antes de crear un canal y ponerte a grabar.

2.

Darás un toque personal y original a tus producciones para destacar en el universo de YouTube.

3.

Tratarás bien a tu audiencia y conseguirás que se fidelicen contigo o con tu marca: responderás sus mensajes, agradecerás que te sigan, serás constante y comprometido con ellos, leerás sus propuestas, etc.

4.

Te aprovecharás de las herramientas y posibilidades que te ofrece YouTube de manera gratuita para promocionar tu marca e incorporar nuevos modelos de negocio.

5.

No robarás vídeos de otros canales.

6.

No matarás tu talento obviando la posibilidad de hacerlo público en YouTube.

7.

Cuidarás la imagen y el sonido de tus vídeos, así como los canales de difusión (redes sociales, blogs, medios tradicionales y líderes de opinión, etc.).

8.

Introducirás vídeos en tus webs y blogs para mejorar la reputación de tu marca y su posicionamiento.

9.

No dejarás que salga el trol que llevas dentro para destruir otros usuarios de la plataforma.

10.

Verás la televisión como un invento del siglo pasado.

glosario

Blooper: Error en la grabación de alguna película, vídeo o serie televisiva.

Branding: Proceso de crear y hacer crecer una marca.

Buzz vídeo: Marketing viral consistente en el boca-oreja de los consumidores.

Chatroulette: Sitio web donde puedes interactuar con gente de todo el mundo a través de la videoconferencia, el micrófono o simplemente escribiendo con el teclado. Su particularidad es que puedes abandonar la conversación presente con un usuario y comenzar otra en cualquier momento.

Cover: Versión musical que los usuarios de YouTube realizan de una canción para subirla a su canal con la intención de darse a conocer.

Crowfounding: Sistema de captación de capital y financiación a través de pequeñas donaciones de los usuarios.

Draw My Life: En el mundo YouTube, tipo de vídeo que crean los vloggers para contar su vida mediante dibujos en una pizarra. Van dibujando y borrando lo que han vivido y el archivo se muestra a cámara rápida.

Engagement: Arte de crear una relación de amor incondicional hacia una marca.

Firewall: Sistema informático que permite filtrar a través de permisos la información que se muestra y la que no. Normalmente se usa para restringir/censurar determinadas direcciones web.

Gamers: Personas que cuelgan vídeos en YouTube jugando a videojuegos. Normalmente los planos de la imagen son subjetivos y ellos hablan de las escenas a través de una voz en off o bien mostrándose a sí mismos en una ventanita colocada en un extremo del rectángulo del vídeo.

Google AdSense: Sistema de publicidad ideado por Google. Mediante este sistema, el webmaster de un sitio web puede insertar anuncios basados en unos textos o imágenes que están relacionados con la temática de la web y la situación geográfica del visitante y así obtener beneficios económicos.

Hangouts: Aplicación multiplataforma de mensajería instantánea desarrollada por Google Inc. que une los servicios de Google Talk, Google+ Messenger y Google+ Hangouts. Permite mantener conversaciones entre dos o más usuarios, realizar videollamadas de hasta quince personas a la vez mediante la web y de diez desde un smartphone.

Hater: Persona que tiene una opinión negativa del contenido que genera un usuario y critica todo lo que hace con comentarios despectivos, humor negro e ironía. Esta figura se ha convertido en un icono en la red, hasta el punto que se vende merchandising de «I love haters». Numerosos youtubers consideran que puedes aprender mucho de los haters y que al final acabas cogiéndoles cariño. Al fin y al cabo, tener haters es mucho mejor que dejar indiferente a todo el mundo. Los haters se reconocen por una serie de características: escriben comentarios en mayúsculas, como si gritasen; ponen comentarios «basura» plagados de faltas de ortografía; odian a todos

aquellos a quienes les van bien las cosas; tienen un perfil falso para no ser reconocidos y votan negativo, sobre todo antes de ver el vídeo.

Influencers: Forma creciente de marketing que gira alrededor de individuos que tienen una influencia notable sobre los consumidores o compradores potenciales. Las actividades de marketing se focalizan en el poder de estos líderes de opinión para conseguir ventas.

Meme: Término que en internet se usa para describir una idea o símbolo que se transmite de usuario a usuario a través de enlaces de YouTube, fotografías, etc. Representa una forma de propagación cultural, una manera de transmitir memorias sociales o ideas culturales. Estos fenómenos de internet se comportan como un virus y pasan de una persona a otra rápidamente. Los memes que más circulan por internet son los humorísticos, pero también pueden representar un mensaje serio.

Monetizar: Obtener un rendimiento económico de las visitas que genera tu canal de YouTube. Normalmente, la monetización se consigue a partir de los anuncios de Google AdSense que se colocan antes y durante los vídeos.

NextUp: YouTube NextUp es un concurso para creadores de toda clase de contenido con grandes posibilidades de futuro. Este programa, lanzado desde la plataforma de vídeos, pretende mejorar las habilidades y los conocimientos técnicos de las personas y optimizar los canales de los creadores para llegar a una mayor audiencia.

Pouser: Se usa para describir a alguien que finge ser fan de algo sin serlo realmente. Por ejemplo, una persona que va de gamer sin ni siquiera jugar a videojuegos.

Product placement: Inclusión de productos y servicios comerciales en obras cinematográficas, televisivas o en vídeos de internet a cambio de contraprestaciones económicas u otras opciones.

SEO: Posicionamiento en motores de búsqueda.

SEM: Conjunto de técnicas empleadas para promover páginas web o material de internet mediante el aumento de la visibilidad en el motor de búsqueda de buscadores como Google.

Shoppable videos: Formato de vídeo que permite la interacción del cursor del ratón con el producto que se observa en la pantalla para obtener información sobre él e incluso adquirirlo. Este sistema busca acortar el proceso de compra.

Socialblade.com: Sitio web que permite comprobar las estadísticas de YouTube y sus usuarios: número de suscriptores, visualizaciones, ingresos aproximados, etc.

Spammers: Individuos o empresas que envían correo no deseado o publican mensajes de manera masiva en lugares visibles de internet para ganar clientes o seguidores.

Streaming: Intercambio de datos multimedia en tiempo real.

Street marketing: Técnica usada para promover productos o servicios en lugares públicos, como por ejemplo un centro comercial o una plaza. La idea es establecer un contacto directo con la clientela con el objetivo de crear emociones que los ayuden a recordar la marca.

Sub por Sub: Intercambio de suscripciones pactado entre usuarios. Es una técnica que usan los youtubers para conseguir suscriptores en YouTube y consiste en que dos usuarios se suscriban respectivamente al canal del otro, pactándolo previamente. Es decir, si tú te suscribes a mi canal, yo lo hago al tuyo.

Target: Público objetivo al cual se quiere enviar un mensaje determinado con la intención de que se convierta en consumidor o comprador.

Thumbnail: Imagen en miniatura que identifica un archivo. En YouTube son las pequeñas imágenes que representan los vídeos.

Trol: Persona que publica mensajes provocadores o fuera del tema en una comunidad virtual. Muchas veces, su objetivo es molestar o hacerse notar.

Trolear: Molestar, manipular o bromear. Normalmente, en internet se dice que se trolea cuando se hace spam

o se escriben comentarios incendia-
rios.

Tutorial: En YouTube son vídeos
instructivos pensados para resolver
dudas de los usuarios en un ámbito
determinado.

URL: Sinónimo de la dirección web o
de una página.

Voz en off: Grabación de voz que oí-
mos durante un vídeo sin ver a la persona que realiza la locución.

VEVO: Servicio de videoclips musicales que usa la infraestructura de You-
Tube para almacenar contenido de las
multinacionales del mundo discográfico, y que canaliza y monetiza las reproducciones de los vídeos mediante
la publicidad relacionada.

Vlog o videoblog: Galería de vídeos
ordenada cronológicamente. En You-
Tube, los vídeos también se pueden
clasificar por número de visualizaciones o de más nuevo a más antiguo. Los
vlogs, publicados por uno o más autores, pueden usar los servicios de alma-
cenamiento de vídeo en línea, como
YouTube, Vimeo o Dailymotion.

Vlogger: Abreviatura de video blogger, persona que tiene un videoblog
o creador de un videoblog.

Youtube Space: Nuevo proyecto de
YouTube para mejorar la calidad de
producción entre los mejores youtubers. Se trata de unos laboratorios
audiovisuales con todo el material
disponible para realizar rodajes profesionales. Actualmente, ya hay tres
en funcionamiento: en Los Ángeles
(un grandioso estudio de grabación de
4.000 m² creado sobre el hangar de la
antigua fábrica de aviones del millonario Howard Hughes), Londres y Tokio.
La pregunta es: ¿cuándo tendremos
uno en España? Por desgracia, You-
Tube nunca da información sobre sus
proyectos de futuro.

Youtuber: Persona que crea vídeos
caseros para subirlos a sus canales de
YouTube.

enlaces

1  http://youtu.be/jNQXAC9IVRw  Me at the zoo

2  http://www.youtube.com/watch?v=-zcOFN_VBVo  LIPDUB - I Gotta Feeling (Comm-UQAM 2009)

3  https://vimeo.com/  Vimeo

4  http://www.metacafe.com/  Metacafe

5  http://www.dailymotion.com/  Dailymotion

6  http://www.youtube.com/watch?v=4vPOmtJyobo  Justin singing so sick by Ne-yo Singing Contest

7  http://www.youtube.com/watch?v=2vnp2e2O8Po  Cody Simpson singing I'm Yours by Jason Mraz

8  http://www.youtube.com/watch?v=ForwOsAteXM  Pablo Alborán - Solamente Tú (Videoclip Oficial)

9  http://www.youtube.com/watch?v=ETSl8gWsFZo  THE ORIGINAL... One 1 Pound Fish, Queens Market, Upton Park, London E13

10  http://www.youtube.com/watch?v=G_miGclPFGs  One Pound Fish - £1 Fish Man - O-Fish-Al Video

11  http://www.youtube.com/watch?v=a7UFm6ErMPU  Vazquez Sounds Adele - Rolling In The Deep (Cover)

12  http://www.youtube.com/watch?v=R12QVtuBo_Q  Michael Jackson- Medley

13  http://www.youtube.com/watch?v=HHnYDl1Nm60  Xuso Jones -DIME CUANDO VOLVERAS (original song)

14  http://www.youtube.com/watch?v=aFZKdyO86y4  Cantando el pedido en McAuto

15  http://www.youtube.com/watch?v=_gmtK-SiJt2g  Juan Magan - Mal De Amores

16  http://www.youtube.com/watch?v=WfyJkRxf2fc  MAK & SAK feat. XANA - TINC GANES DE FESTA (VideoClip)

17  http://www.youtube.com/watch?v=-d6b1yn-YhQ  Sak Noel - Loca People (Ultra Music)

18  http://www.youtube.com/watch?v=sOnqjkJTMaA  Michael Jackson- Thriller

19  http://www.youtube.com/watch?v=eNSal7419JY  Sak Noel Crazy World #16 - Barnaton, Sotavento (Barcelona, CAT)

20  http://www.youtube.com/watch?v=9bZkp7q19f0  PSY - GANGNAM STYLE

21  http://www.youtube.com/user/elrubiusOMG  elrubiusOMG

22 ➲ http://www.youtube.com/user/isasaweis ➲ isasaweis

23 ➲ http://www.youtube.com/user/smosh ➲ Smosh

24 ➲ http://www.youtube.com/ watch?v=2uJE48aKVNo ➲ Beef 'n Go

25 ➲ http://www.youtube.com/user/Jenna-Marbles ➲ JennaMarbles

26 ➲ http://www.youtube.com/ watch?v=OYpwAtnywTk ➲ How to trick people into thinking you're good looking

27 ➲ http://www.youtube.com/ watch?v=FYfZwDorJsw ➲ What Girls Do In The Bathroom In The Morning

28 ➲ http://www.youtube.com/user/RayWilli-amJohnson ➲ RayWilliamJohnson

29 ➲ http://www.youtube.com/user/HolaSoyGer-man ➲ HolaSoyGerman

30 ➲ http://www.youtube.com/ watch?v=UaMBtjxvuMA ➲ Los Hermanos | Hola Soy German

31 ➲ http://www.youtube.com/ watch?v=qoV8SsKoI4s ➲ SOY EL PEOR NOVIO DEL MUNDO | Hola Soy German

32 ➲ http://www.youtube.com/user/elrubiu-sOMG ➲ elrubiusOMG

33 ➲ http://www.youtube.com/user/Willyrex ➲ Willyrex

34 ➲ http://www.youtube.com/user/YellowMello-wMG ➲ YellowMellowMG

35 ➲ http://www.youtube.com/ watch?v=csBUUEz5Wk8 ➲ Canción de la ley SOPA

36 ➲ http://www.youtube.com/ watch?v=o2pgphmc3ys ➲ Americanadas

37 ➲ http://www.youtube.com/watch?v=e6Iqnc_-jY8 ➲ 'Elrubius' desvela cómo conseguir 4 millo-nes de suscriptores

38 ➲ http://www.youtube.com/ watch?v=GboiFFbbp5I ➲ Directo | ESPECIAL 3 MILLONES | Preguntas, Respuestas, Retos y Moar

39 ➲ www.youtube.com/ watch?v=5vXSJCGL8NM ➲ 5 PEINADOS PARA ESCUELA/TRABAJOe& (F·cil) - Yuya

40 ➲ http://www.youtube.com/

watch?v=SNa5Z8W-7oI ➲ °2 MILLONES SO-MOS! AJUA AJUA e& -Yuya

41 ➲ www.youtube.com/ watch?v=N7owFI2ohmQ ➲ Entrevista a Yuyaa en México Suena de Noche (COMPLETO)

42 ➲ http://www.youtube.com/user/LuzuVlogs ➲ LuzuVlogs

43 ➲ http://www.youtube.com/user/LuzuyLana ➲ LuzuyLana

44 ➲ http://www.youtube.com/user/luzugames ➲ luzugames

45 ➲ http://www.youtube.com/ watch?v=NcVYxQoZ7r4 ➲ DRAW MY LIFE - LuzuVlogs

46 ➲ http://www.youtube.com/ watch?v=CfEOwQnd-OM ➲ El Camino del Exito - LuzuVlogs

47 ➲ http://www.youtube.com/ watch?v=DFgH227cil8 ➲ """Vuelo"" Street Act por JPelirrojo en el metro de Madrid"

48 ➲ http://www.youtube.com/ watch?v=ZF4maAjCaSw ➲ JPelirrojo is NextUp - Mi historia

49 ➲ http://www.youtube.com/ watch?v=shLNO7fY2hc ➲ LABATAMANTA

50 ➲ http://www.youtube.com/ watch?v=EehdIcypknY ➲ LA MEJOR ESCENA DE NINJAS DE LA HISTORIA DEL CINE

51 ➲ http://www.youtube.com/watch?v=s3M-KzHpMPI ➲ PAJILLEITOR PLUS

52 ➲ http://www.youtube.com/ watch?v=xGhjsJz1BBU ➲ ART ATTAX ESPE-CIAL NAVIDAD

53 ➲ http://www.youtube.com/ watch?v=9tUk8eZBuKY ➲ ERES GILIPOLLAS

54 ➲ http://www.youtube.com/watch?v=5Hp_ukSh-c4 ➲ CAF... 104 DE 365: LA LECHUGA ESTÁ POCHA - COVER

55 ➲ http://youtu.be/MxG_79S8RIM ➲ La bebi-da del deportista - Cocina con Jägger II

56 ➲ http://www.youtube.com/ watch?v=b58P4phxXxA ➲ Finzo y Funzo - Cap 1/10 - Amor

57 ➲ http://www.youtube.com/ watch?v=fUSIE14wApk ➲ Payday - Directo (26-

ene) - Ladrones Profesionales - con Alexelcapo, To

58 ➲ http://www.youtube.com/watch?v=kwxMBmOfyFg ➲ Minecraft - Mi primera M.O.A.B.

59 ➲ http://www.youtube.com/watch?v=UQCHw3x_H2Q ➲ Cómo decir PAM-PLONA con una magdalena en la boca

60 ➲ http://www.youtube.com/watch?v=lvFP_-S9xRY ➲ Cómo poner cara de satisfacción cuando nos regalen algo que no nos guste

61 ➲ http://www.youtube.com/watch?v=k4hT6Vc6CDw ➲ Cómo recuperar la dignidad tras caernos accidentalmente

62 ➲ http://www.youtube.com/watch?v=PALNcW_eQXw ➲ METRO CURRÍCULUM VITAE- Enzo Vizcaíno

63 ➲ http://www.youtube.com/watch?v=w5k-EKnMOkc ➲ Así nos va - Enzo Vizcaíno visita el programa

64 ➲ http://www.youtube.com/watch?v=f3xLq92rGN8 ➲ Así nos va - Enzo Vizcaíno canta chistes que han quitado de guión

65 ➲ http://www.youtube.com/watch?v=F2ixtq1jX2oSalvador Raya - Cómo Ligar

66 ➲ http://www.youtube.com/watch?v=8cbtZoixVtQ ➲ Ai se eu te pego (versión Salvador Raya) Ai WhatsApp

67 ➲ http://www.youtube.com/watch?v=6qysH4uxo3I ➲ Salvador Raya - Rap del Mistol 1a Parte

68 ➲ http://www.youtube.com/watch?v=SrB1Gk9ReuQ ➲ YOUFEST 2012 ‖ The Festival of Pop-Digital Culture ‖ Live

69 ➲ http://www.youtube.com/watch?v=lZw2hNzWrho ➲ Soy delgada, ¡no anoréxica!

70 ➲ http://www.youtube.com/watch?v=ZSxYJondhyc ➲ Tipos de clientes

71 ➲ http://www.youtube.com/watch?v=M14ebPJ-AtM ➲ A mí me hablas en español! (CATALANOFOBIA)

72 ➲ http://www.socialblade.com/youtube/top/country/ES/mostsubscribed ➲ TOP 100 YOUTU-BERS IN SPAIN BY SUBSCRIBED

73 ➲ http://www.socialblade.com/youtube/top/country/ES/mostviewed ➲ TOP 100 YOUTU-BERS IN SPAIN BY MOST VIEWED

74 ➲ http://www.youtube.com/watch?v=lva2P5GogHI ➲ Blurred Lines (Keenan Cahill)

75 ➲ http://www.youtube.com/watch?v=h6k5qbt72Os ➲ Su_morenito_19 - Soy cani

76 ➲ http://www.youtube.com/watch?v=NhHswZ4lD6U ➲ Me Singing Pokemon Theme Song

77 ➲ https://www.youtube.com/watch?v=6oog9gwKh1o ➲ Numa Numa

78 ➲ http://www.youtube.com/watch?v=YBlCtqsat-w ➲ back dorm boys - i want it that way

79 ➲ http://www.youtube.com/watch?v=dMHobHeiRNg ➲ Evolution of Dance - By Judson Laipply

80 ➲ http://www.youtube.com/watch?v=W6DmHGYy_xk ➲ Miley Cyrus - Wrecking Ball (Chatroulette Version)

81 ➲ http://www.youtube.com/watch?v=QuQIwHSbmC4 ➲ El mejor video de internet

82 ➲ http://www.youtube.com/watch?v=_JmA-2ClUvUY ➲ Talking Twin Babies - PART 2 - OFFICIAL VIDEO

83 ➲ http://www.youtube.com/watch?v=RP4abiHdQpc#t=20 ➲ Baby Laughing Hysterically at Ripping Paper (Original)

84 ➲ http://www.youtube.com/watch?v=txqiwrbYGrs ➲ David After Dentist

85 ➲ http://www.youtube.com/watch?v=qXo3NFqkaRM ➲ "Husky Dog Talking - "" I love you ""

86 ➲ http://www.youtube.com/watch?v=1JynBEX_kg8 ➲ Re: Cat Talking, Translation

87 ➲ https://www.google.essearch?q=ecce+homo&rlz=1C5MACD_enES503ES505&espv=210&es_sm=119&source=lnms&tbm=isch&sa=X&ei=ktGZUq7HAsS57Aa1voCADg&ved=0CAcQ_AUoAQ&biw=1079&bih=1282 ➲ Ecce Homo

88 ➡ https://www.google.es/search?q=lolcats+castellano&rlz=1C5MACD_enES503ES505&espv=210&es_sm=119&source=lnms&tbm=isch&sa=X&ei=1NmZUvDBLMqVhQePqYHwCQ&ved=0CAkQ_AU0AQ&biw=1079&bih=1282#es_sm=119&espv=210&q=lolcats+espa%C3%B1ol&tbm=isch&imgdii= ➡ lolcats español

89 ➡ https://www.google.es/search?q=lolcats&rlz=1C5MACD_enES503ES505&espv=210&es_sm=119&tbm=isch&tbo=u&source=univ&sa=X&ei=VMyZUquEK4-BhAenjoDwDg&sqi=2&ved=0CFgQsAQ&biw=1079&bih=1246#es_sm=119&espv=210&q=meme+llama&tbm=isch ➡ meme llama

90 ➡ https://www.youtube.com/watch?v=9bZkp7q19f0 ➡ PSY - GANGNAM STYLE

91 ➡ http://vimeo.com/123498 ➡ Lip Dubbing: Endless Dream

92 ➡ https://vimeo.com/173714 ➡ Lip Dub - Flagpole Sitta by Harvey Danger

93 ➡ http://www.youtube.com/watch?v=EeGDRSWB46w ➡ Train†- Hey Soul Sister - Lip Dub UVic (Official)

94 ➡ http://www.youtube.com/watch?v=5z6Gy_A_wIM ➡ Lip Dub Gypsy & The Cat, Joan Vark (Official)

95 ➡ http://www.youtube.com/watch?v=5_v7QrIWozY ➡ Isaac's Live Lip-Dub Proposal

96 ➡ http://www.youtube.com/watch?v=l-b1GXuJgoo ➡ Lip Dub Stradivarius - Hello, Martin Solveig & Dragonette (Official)

97 ➡ http://www.youtube.com/watch?v=JPWFtapYOXQ ➡ "SceneMob ECOM per la discapacitat - Macaco ""Mensajes del agua"""

98 ➡ http://www.youtube.com/watch?v=VQ3d3KigPQM ➡ The T-Mobile Dance

99 ➡ http://www.youtube.com/watch?v=gww9_S4PNV0#t=77 ➡ Flash mob in the Copenhagen Metro. Copenhagen Phil playing Peer Gynt.

100 ➡ http://www.youtube.com/watch?v=8vJiSSAMNWw ➡ DO THE HARLEM SHAKE (ORIGINAL)

101 ➡ http://www.youtube.com/watch?v=LNFa_gLRR5s&list=PLUos0Ndbj5wnIAGARNGqHU4G1XWPA1dBs&index=15 ➡ Harlem Shake - Carol Bruguera

102 ➡ http://www.youtube.com/watch?v=4hpEnLtqUDg&list=PLUos0Ndbj5wnIAGARNGqHU4G1XWPA1dBs&index=14 ➡ Harlem Shake (original army edition)

103 ➡ http://www.youtube.com/watch?v=fWNaR-rxAic ➡ Carly Rae Jepsen - Call Me Maybe

104 ➡ http://www.youtube.com/watch?v=AsBsBU3vn6M ➡ "Call Me Maybe" by Carly Rae Jepsen - Feat. Justin Bieber, Selena, Ashley Tisdale & MORE!"

105 ➡ http://www.youtube.com/watch?v=eEWVwgDnuzE ➡ Harvard Baseball 2012 Call Me Maybe Cover

106 ➡ http://www.youtube.com/watch?v=K7ppxF4O130 ➡ SMU Women's Rowing 2012 Call Me, Maybe Cover

107 ➡ http://www.youtube.com/watch?v=z5NRWM3FgqA ➡ "The Hottest @ Abercrombie & Fitch Guys, "Call Me Maybe" by Carly Rae Jepsen"

108 ➡ http://www.youtube.com/watch?v=dBM7i84BThE#t=38 ➡ Star Wars Call Me Maybe

109 ➡ http://www.youtube.com/watch?v=UmXSOPDe5-Y ➡ Mainers Mountaineers- Miss Me When I'm Gone

110 ➡ http://www.youtube.com/watch?v=XKcChGsDqnU ➡ You're Gonna Miss Me (Cups)- Lulu and the Lampshades by Anna Bur

111 ➡ http://www.youtube.com/watch?v=v2mawaBrvFg ➡ ANNA KENDRICK Cup Song Audition - PITCH PERFECT

112 ➡ http://www.youtube.com/watch?v=cmSbXsFE3l8 ➡ "Anna Kendrick - Cups (Pitch Perfect's ""When I'm Gone"")"

113 ➡ http://www.youtube.com/watch?v=AeVSkfm33oI ➡ You're Gonna Miss Me When I'm Gone (Cup Song) -Anna Kendrick

114 ➡ http://www.youtube.com/watch?v=7oqsc6ahHVI ➡ The Cup Song - Cal & Ray

115 ➡ http://www.youtube.com/watch?v=mrInl6fvSyE ➡ Cups - Anna Kendricks (Choreography)

116 ➡ http://www.youtube.com/watch?v=mpkxwAu8bqM ➡ "Cups" - End of Time - Beyoncé Cover - Gardiner Sisters (A Capella)"

117 ➡ http://www.youtube.com/watch?v=3W8CKKF_jjA ➡ "Paula Rojo & The Wild Horses ""Si Me Voy (Cups)""" (Video Oficial)"

118 ➡ http://www.youtube.com/watch?v=SI__ztN8Yj8 ➡ Paula Rojo-Si me voy(cups) Cover Laura y María.

119 ➡ http://www.youtube.com/watch?v=8NZ_l8Z9R4c ➡ Paula Rojo & The Wild Horses - Si Me Voy (Cups) [Tutorial]

120 ➡ http://www.youtube.com/watch?v=aZMbTFNp4wI ➡ No Woman, No Drive

121 ➡ http://www.youtube.com/watch?v=Y4MnpzG5Sqc ➡ KONY 2012

122 ➡ http://www.youtube.com/watch?v=lLG25Ne3wCk ➡ Yo Soy 15M

123 ➡ http://www.youtube.com/watch?v=z-iHtNtZjP8 ➡ Lionel Neykov - Freeze My Senses

124 ➡ http://www.youtube.com/watch?v=xyO9POrb78I ➡ Spot Loteria Navidad 2008

125 ➡ http://www.youtube.com/watch?v=31pxEs64z9s ➡ Baerke Van Der Meij, 1 year old, Football skills

126 ➡ http://www.youtube.com/watch?v=eYG-E4kbfqk ➡ Dutch club VVV-Venlo signs up 1-year-old child

127 ➡ http://www.youtube.com/watch?v=DKWdSCt4jGE ➡ T-SHIRT WAR!! (stop-motion) - Rhett & Link

128 ➡ http://www.youtube.com/watch?v=bxoriUDC17Q ➡ Pop - Joe Penna

129 ➡ http://www.youtube.com/

watch?v=tehJg8dvUnE ➡ AMAZING TALENT AND PEOPLE COMPILATION 2013

130 ➡ http://www.youtube.com/watch?v=1k08yxu57NA ➡ Paul Potts sings Nessun Dorma

131 ➡ http://www.youtube.com/watch?v=RxPZh4AnWyk ➡ Susan Boyle - Britains Got Talent 2009 Episode 1 - Saturday 11th April | HD High Quality

132 ➡ http://www.youtube.com/watch?v=ZsNlcr4frs4 Opera duo Charlotte & Jonathan - Britain's Got Talent 2012 audition - UK version

133 ➡ http://www.youtube.com/watch?v=-dadPWhEhVk ➡ Ataque de P·nico! (Panic Attack!) 2009

134 ➡ http://www.youtube.com/watch?v=lAl28d6tbkoWill It Blend? - iPad

135 ➡ http://www.youtube.com/user/Blendtec/featured ➡ Will It Blend?

136 ➡ http://www.youtube.com/user/FelixH81 ➡ MIXTA

137 ➡ http://www.youtube.com/watch?v=c7c_OXivqSk ➡ Liberad al pato Willix con X de Mixta

138 ➡ http://www.youtube.com/user/ModCloth ➡ ModCloth

139 ➡ http://www.youtube.com/watch?v=ux3eqY36F-I ➡ How To Tie a Headscarf: The Bow Topper

140 ➡ http://www.youtube.com/watch?v=jjXyqcx-mYY ➡ Yes We Can - Barack Obama Music Video

141 ➡ http://www.youtube.com/watch?v=GgvXniTz7D8 ➡ "New Yorkers for de Blasio TV Ad: ""Dante"""

142 ➡ http://socialblade.com/ ➡ http://socialblade.com/

143 ➡ http://www.youtube.com/user/VEVO ➡ VEVO

144 ➡ https://support.google.com/youtube/answer/2760471?hl=es ➡ Anotaciones de merchandising

145 ➦ http://www.youtube.com/watch?v=JBEX_uXFMn8 ➦ Juicy Couture Presents California Dreaming

146 ➦ http://www.youtube.com/watch?v=Or1C4RyIOwM#t=118 ➦ The Sounds of AHH by Kurt Hugo Schneider

147 ➦ http://www.youtube.com/watch?v=-daaYacSvlM#t=41 ➦ The Sounds of AHH by Kurt Hugo Schneider

148 ➦ http://www.youtube.com/watch?v=NJvsIoWDkgY ➦ Ponte a 100 en Worten - Abril 2013

149 ➦ http://www.youtube.com/verify ➦ Verificar

150 ➦ https://www.google.com/adsense ➦ AdSense

151 ➦ https://www.youtube.com/account_features ➦ Funciones

152 ➦ http://www.youtube.com/yt/creators/es/index.html ➦ Centro para creadores

153 ➦ https://www.machinima.com/ ➦ Machinima

154 ➦ http://fullscreen.net/ ➦ Full Screen

155 ➦ http://tgn.tv/ ➦ TGN

156 ➦ http://viso.tv/ ➦ VISO

157 ➦ www.mitunetwork.com ➦ Mitú

158 ➦ https://www.youtube.com/watch?v=9g2U12SsRns ➦ YouTube Content ID

159 ➦ http://www.youtube.com/watch?v=OGqXtkDXEk ➦ The Monty Python Channel on YouTube

160 ➦ http://www.youtube.com/content_id_signup?ytsession ➦ Solicitud

161 ➦ http://www.youtube.com/yt/copyright/es/index.html ➦ Los derechos de autor en YouTube

162 ➦ http://www.youtube.com/watch?v=R55e-uHQnao ➦ The Force: Volkswagen Commercial

163 ➦ http://www.herraizsoto.com/ ➦ Herraiz Soto & Co

164 ➦ http://www.forrester.com/home/ ➦ Forrester

165 ➦ http://www.shackletongroup.com/ ➦ Shackleton Group

166 ➦ http://www.youtube.com/watch?v=UCLNISL9VhA ➦ "Fraag Malas ""No Voy a Parar"" (Official Video)"

167 ➦ http://www.youtube.com/watch?v=hcm55lU9knw ➦ Michel Teló - Ai Se Eu Te Pego - Video Oficial (Assim você me mata)

168 ➦ http://www.youtube.com/watch?v=SrAlVbBm5NQ ➦ Jose De Rico & Henry Mendez - Rayos De Sol (Official Video HD)

169 ➦ http://www.youtube.com/watch?v=UUWFWJ9fR00 ➦ Loewe ORO Collection 2012

170 ➦ http://www.youtube.com/watch?v=a46aoGLIAs4 ➦ Anuncio Loewe 2012 - Parodia

171 ➦ http://www.youtube.com/watch?v=zBUHR9dlrtM ➦ Lotería Terrorífica de Navidad 2013

172 ➦ http://www.youtube.com/yt/advertise/es/why-it-works.html?sourceid=awo&subid=fr-fr-ha-v_ads_hasearch&utm_source=online_ads&utm_campaign=google_search&utm_medium=adcpc&utm_term=Watch-Business-Grow-Advertise-BKWS&utm_content=CC294-YouTube-B2B-ENG-ES-AFS-YT-BRAND ➦ Los anuncios de vídeo consiguen que la gente se decante por tu negocio.

173 ➦ http://www.youtube.com/user/redbull ➦ Red Bull

174 ➦ http://www.youtube.com/watch?v=FHtvDAoW34I ➦ Felix Baumgartner's supersonic freefall from 128k' - Mission Highlights

175 ➦ http://www.youtube.com/user/curebadbreath ➦ Orabrush

176 ➦ http://www.youtube.com/watch?v=p4tuTi8_z6Q#t=100 ➦ The Story of Orabrush

177 ➦ http://www.youtube.com/watch?v=nFeb6YBftHE&feature=c4-overview-vl&list=PLB73276F91DD26C78 ➦ Bad Breath Test - How to Tell When Your Breath Stinks

178 ➦ http://www.youtube.com/user/poo ➦ Poo-Pourri

179 ➡ http://www.youtube.com/watch?v=ZKLnhuzh9uY ➡ Girls Don't Poop - PooPourri.com

180 ➡ http://www.brightcove.com/es/ ➡ Brightcove

181 ➡ http://www.youtube.com/user/elrubiusOMG ➡ elrubiusOMG

182 ➡ http://www.youtube.com/user/HolaSoyGerman ➡ HolaSoyGerman

183 ➡ https://www.youtube.com/yt/playbook/es/yt-analytics.html ➡ YouTube Analytics

184 ➡ http://www.youtube.com/watch?v=KPix_HhyUhw ➡ Final Cut Pro 7 - #1: Primeros Pasos

185 ➡ https://www.youtube.com/watch?v=dpzCM1STjaw ➡ LOS CULTIVADORES | #APOCALIPSISMINECRAFT2 | EPISODIO

186 ➡ https://www.youtube.com/watch?v=dExrS9A9pHE ➡ Cuando me perdí en Francia y la perspectiva temporal

187 ➡ http://www.youtube.com/watch?v=-yw_XWE8K84 ➡ Conjuntos de otoño

188 ➡ http://www.youtube.com/user/JamieOliver?feature=watch ➡ Jamie Oliver

189 ➡ http://www.youtube.com/watch?v=9wVSQfFTOAg ➡ Entre Pipas: Futuro futurible. 3X02

190 ➡ http://youtu.be/9bZkp7q19f0 ➡ PSY - GANGNAM STYLE

191 ➡ http://youtu.be/kffacxfA7G4 ➡ Justin Bieber - Baby ft. Ludacris

192 ➡ http://www.youtube.com/watch?v=SIzmAGHhl9Y ➡ Chloë Sevigny for Myself

193 ➡ http://www.youtube.com/watch?v=DtwDM97-PQs ➡ """DAVID BECKHAM"" Bodywear by Guy Ritchie for H&M 2013 by Fashion Channel"

194 ➡ http://www.youtube.com/watch?v=EeGDRSWB46w ➡ Train†- Hey Soul Sister - Lip Dub UVic (Official)

195 ➡ http://www.youtube.com/watch?v=CttB6FmMgT4 ➡ Maior Flash Mob Black Eyed Peas - I Gotta Feeling

196 ➡ http://www.youtube.com/watch?v=C95HankVPpg ➡ "Parodia PSY - Gangnam Style | ""En el Paro Estoy"" [Rudy y Ruymán]"

197 ➡ http://www.youtube.com/watch?v=W6DmHGYy_xk ➡ Miley Cyrus - Wrecking Ball (Chatroulette Version)

198 ➡ http://www.youtube.com/watch?v=PALNcW_eQXw ➡ METRO CURRÍCULUM VITAE- Enzo Vizcaíno

199 ➡ http://www.youtube.com/watch?v=ji5_MqicxSo ➡ Randy Pausch Last Lecture: Achieving Your Childhood Dreams

200 ➡ http://www.youtube.com/watch?v=8LwvuQkAGcA ➡ Atrevete a soñar

201 ➡ http://www.youtube.com/watch?v=RDiZOnzajNU ➡ Unlock the 007 in you. You have 70 seconds!

202 ➡ http://www.youtube.com/watch?v=7f-K-XnHi9I ➡ Felix Jumps At 128k feet! Red Bull Stratos - freefall from the edge of space

203 ➡ http://goo.gl/maps/eNxyc ➡ Google Maps

204 ➡ http://www.youtube.com/watch?feature=player_embedded&v=GIw7dJg1L84 ➡ Life In A Day

205 ➡ http://www.youtube.com/trendsdashboard ➡ YouTube Trends Dashboard

206 ➡ www.youtube.com/watch?v=XbGs_qK2PQA ➡ Eminem - Rap God (Explicit)

207 ➡ http://www.youtuberepeater.com/watch?v=XbGs_qK2PQA ➡ YouTube Repeater

208 ➡ www.youtube.com/moodwall Moodwall's channel

209 ➡ www.youtube.com/watch?v=IEIWdEDFlQY ➡ Make a Homemade Gel Pack with Dish Soap and a Plastic Bag

210 ➡ www.youtube.com/v/IEIWdEDFlQY ➡ Make a Homemade Gel Pack with Dish Soap and a Plastic Bag

211 ➡ http://www.youtube.com/yt/creators/es/programs-tools.html ➡ Programas y herramientas

índice

agradecimientos

En primer lugar, los autores del libro queremos agradecer el trabajo de nuestro editor, David Sánchez, por la paciencia y la profesionalidad que nos ha demostrado. Igualmente, queremos hacer una mención especial a la directora editorial de La Galera, Iolanda Batallé, por confiar ciegamente en nosotros. También damos las gracias a Núria Codina por su texto de las "Cups", a Alba Martínez (La Babi) por su entrevista a Xuso Jones, a Núria Carné por su entrevista a SrChincheto77, a toda la gente que se ha dejado entrevistar y, finalmente, a Anna Alemany por su apoyo y punto de vista profesional.